版权声明

CAN LOVE LAST?: The Fate of Romance over Time
Copyright © 2002 by The Estate of Stephen A. Mitchell
This edition arranged with Witherspoon Associates through Andrew Nurnberg Associates International Limited

保留所有权利。非经中国轻工业出版社"万千心理"书面授权,任何人不得以任何方式(包括但不限于电子、机械、手工或其他尚未被发明或应用的技术手段)复印、拍照、扫描、录音、朗读、存储、发表本书中任何部分或本书全部内容,以及其他附带的所有资料(包括但不限于光盘、音频、视频等)。中国轻工业出版社"万千心理"未授权任何机构提供源自本书内容的电子文件阅览、收听或下载服务。如有此类非法行为,查实必究。

Can Love Last?
The Fate of Romance over Time

爱 与 岁 月
——精神分析视角下的爱情

[美] 斯蒂芬·A. 米切尔（Stephen A. Mitchell） 著

王家醇 庄淑婕 译

中国轻工业出版社

图书在版编目（CIP）数据

爱与岁月：精神分析视角下的爱情／（美）斯蒂芬·A.米切尔（Stephen A. Mitchell）著；王家醇，庄淑婕译. —北京：中国轻工业出版社，2021.12（2024.5重印）
ISBN 978-7-5184-3538-8

Ⅰ.①爱⋯ Ⅱ.①斯⋯ ②王⋯ ③庄⋯ Ⅲ.①爱情－通俗读物 Ⅳ.①C913.1-49

中国版本图书馆CIP数据核字（2021）第132417号

责任编辑：戴　婕　　责任终审：腾炎福
策划编辑：王雅琦　　责任校对：刘志颖　　责任监印：吴维斌

出版发行：中国轻工业出版社（北京鲁谷东街5号，邮编：100040）
印　　刷：三河市鑫金马印装有限公司
经　　销：各地新华书店
版　　次：2024年5月第1版第2次印刷
开　　本：880×1230　1/32　印张：7
字　　数：120千字
书　　号：ISBN 978-7-5184-3538-8　定价：56.00元
读者热线：010-65181109
发行电话：010-85119832　　010-85119912
网　　址：http://www.chlip.com.cn　http://www.wqedu.com
电子信箱：1012305542@qq.com
版权所有　侵权必究
如发现图书残缺请拨打读者热线联系调换
240543Y1C102ZYW

推 荐 序

爱真的可以天长地久吗？

亲密关系是一个人类恒久关注的话题。在建立和维持亲密关系的路上我们会遇到哪些"朋友"和"敌人"呢？了解这些，有助于我们将爱情进行到底。

亲密关系有很多"朋友"，一些积极因素是可以促进亲密关系的，如信任、沟通、为爱人提供帮助，甚至是简简单单的倾听，等等；亲密关系也有很多"敌人"，一些负面因素值得我们去关注和留意，比如攻击、嫉妒、谎言和背叛。亲密关系中的冲突可能会导致关系破裂，但是也可能让恋人们以此为契机，促进亲密关系进一步发展，走向新的阶段。因此，哪些因素能修复亲密关系，促使双方在冲突当中成长，是我们需要学习的重要课程。

现代精神分析师看重"关系"在人类心理成长中的重要地位，也认为人类内心从出生就开始建立的"关系模式"深深地影响着我们现在与爱人的关系。到目前为止，我们已经知道了一些关于亲密关系的基本事实和知识，比如其实可能在一开始建立亲密关系时并不像自己以为的那样了解对方。在建立和维持亲密关系的过程中，我们会对爱人有很多错误的知觉和认识，而这些错误的知觉和认识一开始可能有助于蜜月期的热恋，却不一定有利于之后亲密关系的维持。

爱情真的能够长久吗？这是每个人都曾经问过自己的问题。随着时间的流逝，爱情会变成什么样呢？生活给我们展示了不同的答案。我们在现实中看到的爱情似乎有不同的类型，由于每个人的人生经历和性格存在差异，他们对爱情的体验也不尽相同。尽管如此，人们期待的婚姻似乎更接近这样一种情形：在二十多岁时，情侣们沉浸在浪漫的爱情中，发誓要共度余生，并期待对方的激情能够一直持续下去，直到生命的终结。

尽管情侣们有着非常美好的愿望，心理学家给出的答案却不是那么美好。我们无法做到激情永存，甚至无法达到爱人所期望的最低的激情程度。一个最基本事实是，结婚后浪漫之爱会逐渐减弱。随着时间的流逝，浪漫的和激情的爱都会减少，这还是出现在那些努力维持婚姻关系的夫妻中的情况。结婚几年以后，夫妻双方就不再像以前那样真心诚意地愿意为对方做任何事情，不再相互深情地凝视对方，和对方相处的时间也会变少。

在印度的一项研究中，研究者选择了因爱情而自由结合的夫妻和由父母包办婚姻的夫妻作为研究对象，比较这两组夫妻在十年后是否仍然维持着浪漫之爱和激情。研究结果大大超乎意料，研究发现，结婚两年后，那些包办婚姻的夫妻在浪漫关系上的得分比自由结合的夫妻要高得多。对比结婚十年后仍然维持婚姻关系的夫妻，包办婚姻的夫妻在浪漫之爱的得分上仍然要比自由结合的夫妻高得多。

究竟为什么会造成这样的一个结果呢？也许相对于自由结合的夫妻而言，包办婚姻的夫妻在一开始建立关系时并没有那么多浪漫的激情和理想化存在——或者说他们的期望是更低的——这反而让他们在长期的婚姻岁月之后发展出了更多浪漫的激情。

从全世界范围的数据来看，结婚第四年离婚率是最高的，而不是大家耳熟能详的七年之痒，很多夫妻无法再维持对彼此的那种迫切渴望。为什么爱情难以持久呢？

著名的精神分析师斯蒂芬·A.米切尔（Stephen A. Mitchell）博士终其一生致力于从精神分析角度研究人类关系，他是一位杰出的精神分析理论家和实践者。他最为中国心理咨询师们熟知的著作是《弗洛伊德及其后继者——现代精神分析思想史》(Freud and Beyond: a history of modern psychoanalytic thought)，我们能从其中一窥他深厚的理论功底。但非常不幸的是，斯蒂芬于2000年因为心脏骤停离开人世。《爱与岁月——精神分析视角下的爱情》(Can Love Last? The Fate of Romance Over Time)是斯蒂芬的遗作，他认为人们在刚刚建立关系时都是充满着幻想的，并且会把这种幻想"投射"到对方的身上，即理想化的投射。此时的人往往是盲目的，或者此时的爱情是盲目的。那些充满"激情之爱"的人往往会将爱人过分理想化，从而忽视对自己不利的信息。比如放大对方的吸引力，而忽略缺点。至少在短时间内，这种幻想会帮助他们建立这种激情。随着时间的流逝，当生活在一起后，人们会变得越来越现实，浪漫也会随之消失。理想渐渐暗淡，所有浪漫的戏法终将被戳穿。浪漫逐渐地消退，是因为熟悉感会使人变得更加现实，甚至毫无保留地更客观地审视对方。难怪斯蒂芬感慨："晌午刺眼的阳光最终会驱散月亮留下的那浪漫迷人的光晕。"

的确，"新奇感"被发现是建立"激情之爱"的一个重要因素，新奇感能够为新的关系注入能量。恋人间的初吻比之后成千上万次的亲吻都要更让人激动。当人们为新的伴侣精神抖擞、魂牵梦绕时，绝不会意识到三十年之后，爱人将变得过于熟悉、让人缺乏好奇。

研究者曾把一只正在发情的公鼠和一只正在发情的母鼠关在一起，公鼠会多次与母鼠交配，直到筋疲力尽。但若换上另一只正在发情的母鼠，公鼠又会重新被唤起兴奋和活力，扑上去与之交配。如此这般不断地以新母鼠替代老母鼠，公鼠最终发起的性交次数会是和同一只母鼠在一起时的2~3倍。研究者把这种新奇感对性唤起的影响称为"柯立芝效应（Coolidge effect）"。这个效应来自一个杜撰的老故事：美国前总统卡文·柯立芝（Calvin Coolidge）有一次带夫人去参观一个养鸡场，柯立芝太太注意到一只公鸡接二连三地趴在母鸡身上，于是认为这只公鸡非常勇猛，为之折服。她让导游把这个故事告诉总统，柯立芝听到后想了片刻，说道："请转告夫人，那可不是同一只母鸡啊！"

有学者认为浪漫激情和爱情关系的变化有着直接联系。当坠入爱河时，我们的自我在扩张，所有事物都是新鲜的，亲密感也在不断增加。然而一旦确立了婚姻关系，新奇感逐渐消退，婚姻关系就越来越难以持久。这点对所有国家的人来说都是一样的，一项对美国人性行为所做的广泛调查支持了这个观点。调查显示，夫妻间性生活的频率会随着婚姻时间的增加而减少，在德国也发现了类似模式。虽然年龄是其中一个影响因素，但研究发现，再婚并更换伴侣的人也增加了其性交的频率——至少在一段时间内是这样的。所以，年龄并不是激情随着时间减少的全部原因。

我们可以认为浪漫因为新奇、神秘、危险而繁盛，却因相互了解、彼此熟识而消亡。持久的浪漫不过是一个自相矛盾的说辞，爱情的激情成分永远比亲密和承诺更容易发生，也更容易快速消失——这一点在所有夫妻中都是一样的。

到目前为止，我们已经知道了与浪漫和激情有关的三个重要影响因素：幻想、新奇感和唤起。这三者一般会随着岁月的流逝而减少，所以浪漫爱情迟早会消退。研究发现，这可能是美国离婚率居高不下的重要原因。夫妻间会经常抱怨爱情的魔力消失了，但是也有研究发现，那些彼此深爱的夫妻在结婚十年之后看对方的照片时大脑中与多巴胺有关的奖赏系统仍然会被激活，正如他们坠入爱河时的表现一样。研究者也发现，这些夫妻与一夫一妻制哺乳类动物一样，其和理性与承诺有关的脑区会更加活跃。这一结果标志着除了夫妻彼此间仍充满激情，似乎还有更多的因素在维持着亲密关系。

对这样的研究结果，我们一方面感到沮丧，另一方面也会感到庆幸。让我们沮丧的是激情之爱会消退，但让我们庆幸的是，也许长期的爱情存在着别的原因。浪漫之爱、温情之爱，甚至伴随着同情之爱的爱情是让人们拥有成功及稳定的亲密关系的三个重要基础。随着时间流逝，我们会慢慢变老，激情会悄悄褪去，但亲密和承诺却会日益增强。相伴之爱比浪漫之爱更加稳定，能够长期维持亲密关系的人通常会向伴侣表达出更多的相伴之爱、温情之爱和同情之爱，他们也往往活得更加幸福。虽然相伴之爱不依赖于激情，身处相伴之爱中的人却仍然会感到满足。夫妻会成为非常好的朋友，而这种友谊也会维持他们的亲密关系。所以，只要在投身于激情之爱的同时，逐渐发展与所爱之人的友谊和温情，就仍然可以非常好地维护彼此的亲密关系，双方甚至还可以有目的地、有创造性地去防止那些可能损害彼此亲密关系的不利因素。

当爱情开始变得重复、单调和沉闷时，关系就会止步不前。婚姻生活变得无趣、难以让人兴奋、没有挑战性时，夫妻间就会滋生厌倦。厌倦感是爱情的大敌。当厌倦的信号出现时，这是一个非常重要的机会，呼唤着夫妻双方重新审视彼此的亲密关系，重新找到一些别的能够维持亲密关系的因素。

夫妻双方是否能够在厌倦滋生时找到一些新的因素促进双方的亲密关系呢？这取决于彼此共同的努力。其中一个非常重要的基础，是夫妻双方性格的成熟度。正如之前和大家一起探讨的，如果具备从自恋的爱发展为客体的爱的能力，我们在这个时候就更容易有能力去发展亲密关系中的温情和友谊，以及那种深爱对方、彼此考虑对方福祉的柔情或同情之爱。因此，想维护亲密关系，建立长久的夫妻关系，不仅需要寻找那些新颖的、吸引人的刺激以让彼此心潮澎湃，也应该考虑是否应该建立一个更成熟的、能维持亲密关系的爱情策略——在享受激情的同时也不把它作为维持亲密关系的唯一基础。要着力去培养与爱人之间的友谊、温情，在努力保持新鲜感的同时把握每一个与爱人共同探索、生活以及关爱对方的机会。如果对爱人迫切的欲望逐渐演变为平静而深厚的情感，也不要为此奇怪或者失望，这种幸福的结果往往会让你成为一个拥有非常满意的亲密关系的幸运的人。

事实上，本书并不能给予读者期待的"心灵鸡汤"——那些炫酷的恋爱技巧或者"打鸡血"般的心灵激活策略，而是坦诚而真实地告诉我们：很大程度上爱无法持久的原因是因为我们自身还不够成熟、无法足够清楚地认识自我。还是那句老话：在认识一个"对的人"之前，我们需要先认识清楚自己！

当今的时代是个"每只猪都想飞起来"的时代，是连"沸腾"都能很快出现的时代。好在还有斯蒂芬这样的精神分析大师用他的真心和智慧向我们娓娓道来：爱何以天长地久。

钟杰

于北京大学哲学楼

2021 年 7 月 27 日

译 者 序

斯蒂芬·A. 米切尔（Stephen A. Mitchell）是当代著名临床心理学家和精神分析师，也是关系精神分析学派（School of Relational Psychoanalysis）的创建者和领导者，他还写了大量精神分析经典教材和学术著作。在中国，对心理动力学和精神分析感兴趣的咨询师大多阅读过他所写的《弗洛伊德及其后继者——现代精神分析思想史》（*Freud and Beyond: a history of modern psychoanalytic thought*）。若干年前，我们也是通过阅读这本经典书籍来第一次系统地了解精神分析思想的百年历程，并在后来数次重读中依旧获益匪浅，甚至还买来了英文原版反复阅读。所以，当我们非常尊敬的几位老师都推荐了他的这本遗作时，我们逐渐萌生了将这本书翻译成中文的心愿，并在编辑王雅琦的帮助下，由中国轻工业出版社"万千心理"引进本书，我们也有幸成为本书的中文译者。

关系精神分析学派由斯蒂芬于20世纪80年代创建，它尝试着整合了精神分析中的人际精神分析（Interpersonal Psychoanalysis）和客体关系（Object Relations Theory）两大学派，并强调真实的和想象的关系对于心理及人格的建构作用，淡化了本能驱力的角色（即使需要去探索和理解本能驱力的作用，也往往将之放置于关系的背景中）。斯蒂芬凭借其几十年来在精神分析领域的理论研究和临床经验，结合在历史学、艺术研究、生物学和社会学等众多领域的广泛知识，开始尝试运用关系精神分析的框架来研究亲密关系，并最终写出了这本书。他在本书中深入探讨了亲密关系中的安全与冒险、性存在的奇妙循环、理想化、幻想和幻象、攻击和欲望的危险性、愧疚和自怜、控制和承诺等诸多议题。

我们在翻译这本书的过程中不时地惊叹于作者那些深刻的洞见、广博的知识、通俗的案例、清晰的表达和优美的文字，也在翻译过程中反复斟酌字句以尽量贴近原著的准确性、流畅感和优美感。但由于水平有限，不当之处，敬请批评指正。

在本书翻译过程中，庄淑婕女士主要负责初稿翻译和终稿校订，王家醇先生主要负责精译和译者注增添等，期间编辑王雅琦女士也多次给予帮助，历时一年，终于完稿。出版之际，再次感谢曾经给予过我们悉心培养和真诚关爱的研究生导师们，尤其是钟杰老师、钱铭怡老师、甘怡群老师、易春丽老师和姚萍老师。

我们相信，不管是从事心理咨询的专业工作者还是对亲密关系好奇的普通读者，都能够通过阅读这本书来增进自己对亲密关系相关议题的理解和处理。

斯蒂芬于2000年完成本书的写作，并在随后突然离世。每念及此，心有戚戚，若他得知自己的著作在中国出版并惠及更多人的消息，或许也会为之欣慰。

王家醇　庄淑婕

序　言

世界上充满了才华横溢的思想家。人类明显具备通过人工智能的方式复制出人类智能的潜能，关于这种潜能的详细阐述也越来越多；遗传学领域也包含着许多复杂难懂的知识；随着研究的推进，人类制造出能够独立存活的克隆人的可能性也越来越大……这些让人惊叹的信息洪流经常冲击着我们的思想。然而，日常经验*中最能触动人心的议题依旧模糊不清、神秘未解——仅有在概念层面的描述，实践层面却悬而未决、难以令人满意。生命仅有一次，我们希望它充实而富有意义，希望终生维系着爱意与激情。大部分人都渴望着与某个重要他人拥有激情之爱——爱意初萌芽，继之以浓情，长长又久久。我们似乎可以轻易地提出这些问题：是什么让人觉得亲密关系是既饱含激情又富有意义的？这种富有意义的激情体验能经久不衰吗？考虑

---

* 原文为"experience"，中文同时包含了"经验"和"体验"双重含义，"经验"更强调我们作为参与者有意识地经历了某件事情，而体验更强调我们在经历某个事件的过程中的内心体验。本书会根据具体情境的不同选择性地使用相应译法。由于本书主要探讨我们内在的体验，因此多数情况下它会被翻译成"体验"。——译者注

到各种待承受的挑战——为生计而奔波、处理家庭琐事、养儿育女、日渐衰老——激情体验又如何从中幸存呢？

最杰出的思想家似乎也很难给出答案。弗洛伊德作为精神分析的开创者，尽管有着非凡的天赋，创作了数量惊人的作品，但其理论构想对此也没有什么特别的帮助——当然，他觉得这些问题的答案也不太乐观。在他对人类心理的构想中，性欲的激情与持久的爱意有着不同的起源，前者是远古的遗传，后者是文明的教化，两者之间成反比而且相互锁定。关系中的性欲激情预示着缺乏足够的温柔和尊重，反之亦然。精神分析因为能够最深刻地理解情感生活而自豪，但此时它似乎把我们带入了概念上的死胡同。弗洛伊德所生活和著述的时代距今已经过去几十年了，然而在这样一个从根本上影响了所有人的领域里，一直没有出现让人耳目一新的思想。

我和斯蒂芬共同生活了近30年，一起工作养家。我一直很喜欢他对待思想的普遍主义倾向这个品质。在当代和后现代智识风潮中，他的思想蓬勃发展，他愉快地建构又解构着那些通过广泛阅读和临床工作搜罗的思想。

他天生严谨、理性而诚实，无论研究哪个学科，他都着迷于那些精妙的思维过程。他喜欢各种思想，喜欢和它们"玩耍"、抓取它们、观察它们如何支撑起人们对问题的不断探索。最重要的是，他喜欢与他人分享。他欣赏且感激他人的见解，将之视为慷慨的礼物。陪他去书店就像带孩子去糖果店——最终不得不离开时，沉甸甸的包裹里总是装满了哲学书、诗集、最近出版的小说、吸引了他注意的晦涩难懂的物理学书籍，还有认知科学、人工智能、佛学方面的书籍，有时也有精神分析方面的书籍。在我们的生活中有一种潜在的竞争：在他宣布安放一个新书架到墙边之前，我能否先一步把画装裱好并挂到墙上。他锻炼时还会听音乐史之类的录音课程。当偶然发现某个特别好的措辞方式或者发人深省的表述时，他喜欢清晰地呈现这些观念，并向家人大声地朗读相应文章。

斯蒂芬从家族中"继承"了对权威结构的审慎态度，所以不管对专业领域的挑战和质疑会带来多少忧虑、烦恼和混乱不安，他都能很快挣脱精神分析中那些僵化原则的束缚。在职业生涯早期，也就是他刚完成临床训练不久，"同性恋是病理性的问题"这一观念根深蒂固，而他是传统精神分析中第一批公开并且富有成效地挑战这一观念的人之一，最终这一错误概念被从精神病学官方疾病命名体系中移除了。

斯蒂芬轻松涉猎了大量精神分析文献，在那个年代，这些文献被严格划分进互相竞争的几个理论传统中，并且主要由经典弗洛伊德取向所主导。这种主导取向宣称其他几种非正统取向是"非分析性的"，也是边缘化的。为了鼓励更具有创造性的见解，他创办了杂志《精神分析对话》（*Psychoanalytic Dialogues*），用以发表那些被认为是非经典的、边缘化了的著作，这对那个时代来说是个具有革命性的创举。他还组织多位不同理论信念取向的分析师在互相尊重的前提下进行讨论，这使人们得以在互相对比的过程中更加细致地研究不同的临床取向和理论构想。

他组织了多场会议，邀请各个学科的代表人物来参加，以研究人类经验中那些普遍性的问题。

斯蒂芬沉浸在精神分析各个分支和各种争议中，并开始感兴趣于那些他觉得相对不被主流承认却又具有扩展性和普遍化潜力的思路——从表面上看，这些思路在沿着彼此矛盾的路径推进。他和志趣相投的同事一起重新定义了精神分析的类目，将关注的焦点从阐释性欲和攻击欲及症状消除方面转移到生活的品质、个人体验的意义、自我感和与他人的联结等上。当时的文化氛围认为分析师的知识和权威已经定义了分析过程，而斯蒂芬的临床取向则被定义为"关系性精神分析"：强调来访者和分析师间的协作性和开放性，通过发人深省的提问来赋权来访者对咨询过程的参与，而不是假定分析师的陈述性诠释可以揭示来访者心理上"真正发生了什么"——"陈述性诠释"这种表述方式也暗示了分析师拥有某种特权式的知识。

斯蒂芬对于临床工作中的许多问题感兴趣，但"激情关系如何保持生命力"这个问题始终萦绕在他心中，频繁地成为他临床著作的关注点，也是我们彼此交流时的常见话题。

在非常仔细地保护来访者身份和隐私的同时，我们也乐于和对方探讨临床工作中的困境，分享新颖的见解，深入反思临床工作所带来的那些困惑又迷人的议题。一位女性觉得和约会对象从来"不来电"或一位男性发现不知道自己是否真的爱上了另一个人，这种现象隐含的剧本是什么呢？如何在治疗过程中打破这些凝滞的僵局，将之激活，为之充能？她或他如何能找到真正有意义的答案？这种现象是否意味着更加自由的性习惯？是否也意味着对伴侣多样性有更大兴趣？后者会导致已婚或承诺彼此忠诚的伴侣出现频繁的外遇。或者，这些解释只是一个简便而令人舒适的借口，以掩盖个体难以和伴侣变得亲密的真相。是否有真命天子或真命天女？对象若不是真命天子或真命天女，感情就会变成"一地鸡毛"吗？一个人应该在两性关系中付出多少精力？一段关系中哪些活动是有滋养作用的——而不是试图通过乏味的过度分析来避免承认这段关系事实上已经难以维系？鉴于斯蒂芬和我共同生活了这么多年，也都非常关心彼此关系的质量，当来访者因这类议题来寻求帮助时，我们会觉得与来访者建立了同盟关系。

斯蒂芬不会随机开展研究项目——他被那些在他看来存在错误或者见解过度狭隘的重要领域吸引，他关注的议题包括：精神分析专业的结构、同性恋者的边缘化、精神分析领域中被剥夺了话语权的理念、作为一种治疗方法而被重新概念化的精神分析等。过去他写了许多书籍和论文，现在他想挑战一个真正困难的议题！他决定更系统地思考和论述关系承诺中的爱意和激情。在这个研究中，他想要采用精神分析领域中那些最新的、更有创造性的见解，也给人们更多渠道去了解精神分析领域的新成果。在通俗文化中，人们频繁地忽略这些最新的成果，轻易而盲目地把精神分析等同于过时的弗洛伊德式构想。斯蒂芬也想使用源于精神分析领域以外的那些成果——源于哲学、历史学、文学的成果——以便更深入、更有成效地研讨这些议题。他希望促进精神分析与更广阔的观念世界发展出更好的联结。

斯蒂芬得出这样的结论：太久以来，精神分析将它对某些问题深思熟虑的成果置于"特权"位置，而这既无必要，也无帮助。因此，他决定这本书不应该直接面向精神分析师的专业团体，而应该适当地面向大众。

读者可以期待些什么呢？多年以来，斯蒂芬在私人学习小组里教授过数百名学生。他在精神分析领域的教学是传奇式的：人们加入了他的学习小组，持续数年沉浸其中——因为内容从未冗余重复，也从来没有一个"派别路线"可以定义他的教学。有时他会和我谈起某个特别令他沮丧的班级，因为这个班级的学生只有在阅读到和其观点不同的材料时才会变得有批判性。他将自己的教学描述为：努力点燃学生的好奇心，通过思考作者试图解开的棘手难题来激发学生的兴趣，从新颖的角度审视同一个议题，或者在认真考量某个作者理论取向的背景信息后，理解他做出了多么具有革命性的贡献。

某个学生这样记录自己的学习经历："在学习小组中听斯蒂芬授课时，我经常把他想象成一个织布工。他总是把颜料和纹理添加到做工复杂的纺织品上，利用每一根纤维、每一条思路。"斯蒂芬当然希望自己成为一位受尊重的思想家，但他对学生是否支持他的某个具体见解不感兴趣，他的兴趣在于激发学生去思考。

阅读本书就像应邀进入一个类似的学习小组。"爱情能长久吗？"思考这个有趣的问题令人很愉悦，本书有时也写得诗意盎然，故事中的困难情境和人物的内心挣扎让人感同身受。这绝对是一本发人深省的好书，它并没有简单地把信息像食物一样放到精美的盘子里送给读者，让读者被动地等待启蒙。就像临床工作一样，斯蒂芬认为本书最有力量的影响来自读者在阅读过程中深深的个人卷入。他会潜移默化地邀请你和他一起思考，共同解密充满激情的关系中人类体验的矛盾本性。本书提供了一些材料，阐释人们在所承诺的关系中为了维持浪漫而遭遇的挑战。当你思考这些临床材料时，他也会邀请你暂停，一起探索自身这方面的思考和体验。斯蒂芬邀请你与他合作，并用这样的方式致敬你的智慧，支持你用它更好地掌控生活。

最重要的是，我想你可能会带着自身深深的感触去阅读这本书。如果持续阅读下去，你可能会发现自己被带入了过往那些亲身经历的细节，带入了那些私密关系的"缝隙"——这些可能都是以前从没有真正思量过的陌生之地。你可能会发现自己既兴致盎然又困惑迷蒙，仿佛内心打开了一道门，通向了一间房，而这心门和心房却从不为你所知。

"爱情能长久吗？"斯蒂芬不是在提出一个反问，而是在向所有人发出邀请，邀请我们和他一起重新思考人类在爱情关系中所体验到的那些最深刻、最根本的方面，去探索和领悟属于我们自身的答案。

玛格丽特·J.布莱克（Margaret J. Black）[*]

---

[*] 本书作者斯蒂芬·A.米切尔的妻子。她是一名精神分析师，也是斯蒂芬·A.米切尔关系研究中心的创始董事会成员。——译者注

在我看来，当代思想最大的缺陷在于相比于未知，我们对已知过于敬畏。

——安德烈·布雷顿（Andre Breton）

哦，我也曾青春年少，蒙受恩宠，
时光握住我的青春与死亡
纵然我随大海中的潮汐歌唱。

——狄兰·托马斯（Dylan Thomas）

目　录

导论　/　1
1. 安全与冒险　/　13
2. 性存在的奇妙环路　/　45
3. 理想化、幻想和幻象　/　83
4. 攻击和欲望的危险性　/　111
5. 愧疚和自怜　/　137
6. 浪漫爱情中的控制和承诺　/　167

导　　论

西格蒙德·弗洛伊德（Sigmund Freud）发现了潜意识，这是对西方文化的巨大贡献，却遭到了普遍抵制。弗洛伊德曾经尝试归因这种抵制为"潜意识的发现是对人类自恋的第三次强烈挫败"。第一次挫败来自宇宙学——哥白尼革命。如果地球是绕着太阳转，而不是太阳绕着地球转，那么我们就不得不面对这一难以接受的事实：人类并没有位于宇宙的物理中心——既不在宇宙的内核里，也不在宇宙的"肚脐"上。相反，我们本身还围着另一个中心在绕行。第二次挫败来自生物学——达尔文革命。如果承认人类是由另外一个动物物种演化形成，那么我们就不得不面对这一难以接受的事实：人类不是天选之子，我们并不是在神明的灵感中，被瞬间地、一蹴而就地设计出来，而是在漫长的时间里缓慢地、逐步地发展出来的，这种演化源自生命体对环境变化的适应。

弗洛伊德认为，自我评价关乎人类自身重要性，无意识的发现就是来自心理学的第三次挫败，也是最具毁灭性的一次打击。在弗洛伊德的发现前，虽然人类的重要性处于不断缩减的状态——人类只是无限生命形式中的一种，处于宇宙万物的边缘而非中心，但渺小的人类至少还能宣称是自主的。然而，弗洛伊德展示和证明了人类甚至不是"自身躯体的主人"——我们甚至无法管控自己的心智。根据弗洛伊德的观点，心智是一个等级体系，包含了高等级和低等级的结构；心智也是一个由许多冲动所构成的迷宫式体系，这些冲动相互独立地驱使着人的行动。"假设心理是一座冰山，我们的意识体验仅仅是冰山的顶端一角，而无意识心理过程占据了巨大冰山的其他部位。这些无意识心理过程，以一种不被认知、没有言语、难以理解、不容阻挡的方式在塑造着我们的动机、价值观和行动。"弗洛伊德认为，人类难以接受这些观点。

过去，我一直认为弗洛伊德错了。但每一次智慧革命都给人类的自我重要感带来了直接伤害，这一点他是正确的。不过，每次智慧革命所带来的失落感很快就被随后的获得感超越，这是即使处于历史优势位置上的弗洛伊德也无法想象的。

在哥白尼的地球偏离宇宙中心理论*提出的几个世纪后，这个理论全面的内涵才逐渐显现。我们不仅不是宇宙万物的中心，耀眼的太阳也只是数十亿恒星中的一员，许多恒星甚至比太阳还闪耀。更令人震惊的是，在弗洛伊德去世多年后，随着对埃德温·鲍威尔·哈勃（Edwin Powell Hubble）工作成果的验证，人类开始认识到：过去了解的许多恒星或拥有行星的类太阳系恒星系

---

* 即"日心说"理论，此处强调地球不处于宇宙中心的观念。——译者注

统，实际上属于其他星系；银河系只是无数星系之一，而现在这些星系正以惊人的速度互相抛射远离。想到这些科学发展，我总是能感受到祖先在面对哥白尼的发现时的那种渺小感——这种感受在哥白尼时代非常容易理解，但在今天却近乎古怪。人类是如何看待自身的呢，是宇宙万物的中心吗？从当代历史的有利条件来看*，我们内心丧失了祖先所有的那种占支配地位的自我重要感，但这似乎并没有带来严重后果，尤其相对于我们对宇宙的理解而言。宇宙既让我们的心神为之惊奇赞叹、又让我们的头脑为之活跃混乱。我们放弃了身处宇宙中心位置的主张，也使得我们更可能将自身视为如此非凡而宏大事物的参与者。但对于哥白尼甚至弗洛伊德来说，这都是不可想象的。

同样，达尔文非凡的天赋才智使他在那个时代就理解了进化过程及其基本机制，人类因而从一个完全独特于其他生命形式的神圣位置上猛然跌落。但即使一个半世纪过去了，我们仍在努力解决这一跌落所带来的诸多影响。起初，直接的挑战似乎指向有神论本身。如果信徒和非信徒都一致论证认为我们不是由瞬间的创造而生成的产物，那么也许根本就不存在造物主。信仰神明原本貌似真实合理，但既然人类丧失了相对其他动物的特殊地位，似乎不可避免地会导致人类丧失关于神明存在这一信

---

* 日心说刚被提出时给当时的人带来了巨大冲击，人们也为这一新的世界观可能带来的严重后果而担忧。但当回顾整个历史过程，人们发现这种新的宇宙观的确使我们内心丧失了祖先所有的那种占支配地位的自我重要感，但这似乎并没有带来严重后果。——译者注

仰。正如尼采所说，上帝和我们"高贵的自我重要感"一同死去了。然而近年来，许多更有思考深度的宗教思想家（相对于神创论者）已经展示和证实了：神明设计和神明意志这一信仰并不必然会随着演化论而没落。相反，神学家开始用更复杂的术语来理解相关内容。而且，对于许多非宗教思想家来说，我们与自然和生命本身更深刻的关系已经作为当代世俗信仰的形式显现出来，这广泛出现于各种各样的环境保护主义哲学中。当把我们自己看作地球生命形式无限序列中一个物种时，我们通常不再体验到一种渺小感。反之，许多人通过领会身处生态圈的渺小位置（或许身负巨大责任），更能把自己体验为生命本身不可分割的一部分——而生命是如此丰盛而美妙，如此多姿多彩。

正如我们发现了自身与宇宙中心位置的偏离，认识到人类从自然界神圣地位上的跌落，弗洛伊德也动摇了我们原本对人类心智的想象：心智能够洞明自身，并由有意识的理性所统治。这一动摇似乎带来了又一次难以承受的失落感，但正如哥白尼革命和达尔文革命那样，随着时间推移，弗洛伊德革命也带来了助长自尊的潜在天赋——毕竟人类过往助长自尊的努力始终微弱无力。从可获得的价值的角度来说，我们正在成为的自己比以往一直捍卫的更有价值。现在我们认识到，意识过程对心智的控制是有限的。但是，我们不仅仅拥有有意识层面的心智，同时也拥有无意识层面的心理过程，尽管这两者相当不同。我们需要放弃的是某种傲慢，所获得的是参与到更丰富、更复杂的事物中去的机会，这些事物比我们曾经所认为的自身更加丰富、复杂。

我们不再拥有对"意识层面的理性"这一狭小领域的管控特权。"人类是有着单一自我和洞明自身、自我生成、自我控制能力的主观能动者*"这种关于自我的观点也一去不复返了。我们发现，个体有着多重自我，对某些体验领域或多或少模糊不清，又对另一些体验领域或多或少通透洞明。每个人都成长为一个多姿多彩的心灵聚合体。作为人类，现代人的自我似乎比过往任何时候都更加复杂难懂，也更加牵连纠缠；作为人类，我们需要发现自己、塑造自己、探索自己，以及控制自己。

30多年来，我一直在从事精神分析和心理治疗临床实践。这为我提供了一个有趣又在某些方面很独特的有利视角，让我能够观察和参与到人们努力尝试理解"我是什么""我是谁"的这个过程。每天我都会反复发现，我们在试图用各种各样的方式来控制生活和自身。这些控制方式总有某些明显局限，我们却很难接受这些局限，难以妥协。我们同时在意识层面和无意识层面持续地坚定认为自己能够比实际上更多地控制感受、关系、命运。约90年前，弗洛伊德引入了"思想的全能感"这一术语来形容这些幻想。今天，我们仍然像弗洛伊德时代的人一样信奉着这种全能感。我们的安全感来源于对"一切正在掌控中"的坚信，然而

---

* 原文为"Agent"，指能够主动地发起行动、控制事情或促成结果的某个个人、机构或者结构。Agent在本书中最常见的意思是人类心理中主导和管理自己感受、思想或决策的某种心理结构，强调其具有的主导和控制等动力作用，类似于自我体验中那个体现了个人"意志"的自我，本书统一翻译为"主观能动者"。Agent是本书最重要的概念之一。——译者注

强加的虚幻控制感抑制了生活的丰富多彩。全能感将真实的体验降级为肤浅的操纵,越感到危险,越寻求控制;越努力维持虚幻的控制感,越多生命活力就在渗透流逝。

本书的主题有关浪漫(romance)及其衰退过程。关注浪漫,是因为我想探索生活于20世纪和21世纪之交的芸芸众生为了获得生命活力和意义所付出的艰苦努力。生命活力和人生意义都难以轻易获得,那些有关自助技巧、流行心理学、大众身心灵方面不计其数的系列书籍、杂志和电视节目都能证明这一点。

究竟是什么赋予了生命以稳固的感受,是使命感和昂扬斗志吗?什么使我们感觉不仅值得活着,还值得耕耘和品味生活呢?我认为浪漫与这些都有着莫大的关系。

浪漫有许多不同形态,既包括我们与自身关系的浪漫,也包括与周围世界关系的浪漫。此处所说的世界既有我们称之为"自然"的世界,也有人类所建构的世界。指向自我的浪漫近来已经被浓缩为"自恋"这一术语,许多心理学家现在也认为它对自我认同感至关重要。而自然天性——也就是野性——对这个时代的很多人来说极具诱惑力,那是他们渴望回归的东西。虽然我们将会触碰到这两种形态的浪漫,但本书主要探索"爱恋他人"这种浪漫形态。

在西方文明的萌芽时期,亚里士多德就坚定地认为我们是社会性动物。但是直到最近几十年,我们才领会到自己是多么彻底的社会性动物。人类大脑天生需要大量的社会互动和语言才能完成神经系统的联结,我们需要照顾者的养育才能度过漫长的依赖期，也不可避免、不可逆转地变得与照顾者们异常相像。在成年时期，我们花费了大量时光与他人相处，包括我们共同生活、互相交往的真实存在的人；电视、电影、纸媒中普遍存在的虚拟人物；独处时主观世界中以记忆和内心存在等方式驻留的过往人物；用语言和符号系统来思考和组织经验的通用人物模板。也正因为生活如此地与他人息息相关，我们与他人关系的质量处于情感生活质量的核心地位。

"浪漫"是一种诱发内在情绪感受、想象和理想*等共鸣的文学形式，浪漫主义运动既是一场意识领域的革命，也是艺术领域的，是一种朝着激情、悲剧和个人意义的转向。正如以赛亚·伯林（Isaiah Berlin）所说："这是西方生活中最深刻、最持久的转变。"对于这个人类体验中普遍存在的历史性转变，我们将会在本书中持续探索那些使之在这个时代个体生命中变得鲜活的方式。

"浪漫"一词在日常用语中指一种特殊的感受状态，一种和另一个人关系的模式。它生成了强烈的情绪，激发着想象的游戏，孕育着对理想对象的奉献。浪漫的浮现与爱情有关——特别是那种蕴含了强大情欲洪流的爱情。浪漫更近乎"坠入爱河"，而不是"处于爱河"。浪漫也与人生意义更相关，但不是由苦难和辛劳蕴生的那类沉重或重要的人生意义。浪漫所关联的人生

---

* 原文"Ideal"作为名词意为某种人物、事物或观点达到理想状态时的形象、样子或观念，本书根据具体情况译为"理想""理想观念""理想对象""理想典范"等。——译者注

意义是那种"人生值得度过"的感受：一生之中，重要之事必能发生，也必会发生。然而，浪漫有着固有的不稳定性，悲剧经常和它相伴相生——蓝调之音奏起，诉说着幽怨和悔恨，就像那些经典的浪漫主义叙事一样。

这个时代的人们寻求浪漫，为生活赋予意义。这通常有效，但只存在于俯仰之间。浪漫摄人心魂，让人更加觉得"活着"是多么的生动、深刻、令人兴奋。然而，关于浪漫，从高雅文化到街头小报，这个时代的人们谈论的都是浪漫会逐渐衰退，稍纵即逝。真正的浪漫难以找寻，更难维系。它太容易降级为其他东西——那些更不摄人心魂的、更缺少活力的东西，比如清醒的彼此尊重、纯粹的性享乐、可以预期的长久陪伴或者怨恨、愧疚、自哀自怜。

是什么让浪漫降级？大多数人都有自己的观点，最受欢迎的观点如下。

> 浪漫会逐渐衰退，因为时间和成功都是它的敌人。浪漫因新鲜、神秘和危险而蓬勃发展，又因熟悉而消散。因此，"恒久不衰的浪漫"是自相矛盾的。
>
> 浪漫会逐渐衰退，因为它靠性存在*驱动，而从本

---

* 原文为"sexuality"，它与sex都和性相关，其中sex主要指生物学相关的性，本书一般翻译为"性""性爱"；sexuality则是性的综合概念，涵盖了生物学、社学学、性认同和心理体验等所有方面的性，中文最初翻译为"全性"，现在通常翻译为"性存在"，本书为了准确性，把 *sexuality* 统一翻译为"性存在"。——译者注

质上看性存在是原始的。就其原始形态而言，性欲望并不是美好的东西，很难和浪漫爱情的其他特征——比如尊重与赏识——和谐相容。所以，浪漫倾向于降级为或者平和的友谊或者纯粹的性邂逅。

浪漫会逐渐衰退，因为它靠理想化驱动。顾名思义，理想化是虚幻的。我们在幻想的魔力下坠入爱河，但时间是浪漫的敌人，因为时间带来了真实和终不可免的幻灭。所以浪漫的趋势是降级为或者清醒且冷淡的尊重或者痛苦的失望。

浪漫会逐渐衰退，因为它会轻易地转变成怨恨。人类心理有其阴暗的一面，浪漫的精妙和柔弱在对抗这种人类天性固有的攻击力量时并不能长期地维系自身。浪漫就像黑夜中的烟火，它激动人心，却又不可避免地转瞬即逝。只有简单接受，洒脱放下，我们才会幸免于难。

浪漫会逐渐衰退，因为无物永恒不变，尤其是人类。我们在彼此关系中渴求恒常，但是不可避免会可悲地"背叛"彼此。根本而言，生命本身就是场悲剧，终有一日，我们都会唱着悲歌结束它——或啜泣着自身的遗憾（愧疚），或叹息着他人的脆弱（自哀自怜）。

这些解释听起来各有道理，也是其得以广泛流传的原因。然而，这些道理只是片面的。本书将会探讨每一种解释，挖掘其中有用的部分,并把这些片面的洞察重新整合成更加全面的阐述。我们将会一次又一次地发现,并不是浪漫本身天然地趋向降级,而是我们自己付出了相当大的"努力"才使之降级。而且,基于多种深层的缘由,我们自身也希望浪漫降级。

我所引用的资料有多种来源,其中最重要的源自我的临床工作,它赋予我更加深入认识人们生活的优先权利。出于保密需要,个人信息会被精心地修改隐藏。本书没有任何案例是简单编造的,每个案例往往是好几个有着类似议题的来访者的杂糅。

尽管公众有着诸多误解,但当代精神分析非常不同于过去的"经典"精神分析。传统分析师倾向于虔诚地把弗洛伊德的泛性论式想象应用到人类生活的各个领域,而且这种方式通常带有简化论、精英主义和威权主义色彩。但是精神分析的内核,也是其对西方文化最经久不衰的贡献在于:忠实于同理与合作的原则来研究人类个体心理中那些仿佛细致研磨而出的纹理和结构,全面而透彻地通晓它们的复杂性和强度。当代的临床工作者,尤其是认同"关系精神分析"这一标签的那些人,已经摆脱了许多传统精神分析的标志——就像放弃了维多利亚时代的躺椅那样。而当代精神分析师保留下来的是一种分析情境,它就像一个非凡的窗口,既可以连通来访者的内心世界,也可以连通分析师的内心世界。

在本书中,弗洛伊德的言语从不会被视作最终定论,但有时会作为开篇致辞。弗洛伊德是首先对人类经验中那些根本方面提问的人,随后的精神分析理论家——也包括我们在内——都在他的基础上继续努力前进。因此,我们将从过去和当代的精神分析理论中搜寻观点和理解,也从相关的领域,比如哲学、历史学、语言学,特别是文学中搜寻材料。哈罗德·布鲁姆(Harold Bloom)曾经指出,尽管艺术镜映或跟随于生活,但是生活也镜映或跟随于艺术:那些伟大的作家创造了各种形态的人生体验,而且在他们创作之前,这些形态的人生体验都不可能存在。这点在莎士比亚和托尔斯泰的作品中尤为明显,他们的作品使我们明白——浪漫是人类的潜能。

浪漫包含着什么?如何能够维持?为了理解这些,我们付出努力,进入了一片由诸多议题和逻辑辩证所组成的芜杂丛林,涉及幻想与现实,同一性与他异性*,身体与情感、爱恋与憎恨,掌控与失控,幽怨与悔恨,安全与冒险。浪漫是一种脆弱而危险的状态,它看起来似乎简单而自然,但在我们心理与生活中的位置绝不简单。

---

* 原文为"sameness",同一性,哲学术语,和他人、他物或过往体验有着相同的状态或特性。本书统一翻译为"同一性"。"otherness",他异性,哲学术语,和他人、他物或过往体验有着不同的状态或特性。本书统一翻译为"他异性"。——译者注

1

安全与冒险

> 处在恋爱中就像是去外面看看今天是个什么日子。
>
> ——罗伯特·克里利（Robert Creeley）

布雷特（Brett），一位30岁出头的男性，因为男女关系中的困扰前来寻求心理治疗。布雷特似乎找不到一个自己能够持续爱恋的女性。他外表迷人，在音乐行业声名显赫，这增加了他的魅力。很多女性对他感兴趣，但是他却没法发展出一段适合自己的关系，并因此备受折磨，深感无能。

在关系开始时，布雷特通常会有着爆发性的激情和热情，随之就发现自己的兴趣逐渐减弱。他开始出现延迟射精，越来越难达到性高潮，有时甚至无法勃起。他开始疑惑对方是否真的是适合自己的"命中注定的女性"。随着关系的发展，他不得不假装兴奋，与对方在一起时的亲密感就像幽闭恐怖症日益严重时的体验。他发现自己总渴望拥有和其他女性约会的自由，并且很快就和另一个人坠入爱河——通常是那种不能立刻和他建立恋爱关系的人。

布雷特曾同时与两位女性恋爱。贝蒂(Betty)和他年龄相仿，智力和感情都相当成熟，而且非常关心他。尽管一开始布雷特和她在一起时很兴奋，但很快就遇到和过去一样的射精困难。他觉得自己非常喜欢贝蒂，享受和她的恋情，甚至认为自己已经开始爱上她了，但有时又觉得贝蒂对自己的情感让人腻烦。

大约在同一时期，另一位年轻得多的女性出现在他的生活中，他还与她有过短暂的性邂逅——这位女士名叫琳达(Linda)，是个狂热的音乐粉丝，她在舌头和生殖器上打着金属饰钉，并用疯狂的性邀约来吸引他。他们最后发生了性关系。

在心理咨询中，我们更细致地察看了布雷特与这两位女性之间的经历，结果却有些让人惊讶。从表面上看，贝蒂似乎是布雷特所熟悉的——保守又死板，而琳达似乎是新鲜的对象，行事粗野、让人兴奋。但是就像深度精神分析治疗通常所发现的那样，表面现象下存在的某种潜在的反转。尽管戴着那些金属饰物，琳达在性活动中是疏离的——情感既强烈又浅薄。和她做爱后，布雷特真切地感受到一种绝望的孤独感。与此相比，贝蒂似乎由衷地享受性爱。她很愿意冒险，喜欢做些新颖的探索，并鼓励他去试验。她似乎把所有事都视为游戏。但是布雷特发现自己对贝蒂的高度开放有种说不清的感受，并在后来逐渐发现那种感受是"畏惧"。

我们开始在心理咨询中聚焦这样一些时刻，即布雷特感到对贝蒂丧失了激情。过去他会直接给这些感受贴上标签，并认为这只不过表明贝蒂并不是适合自己的"命中注定",这往往发生在当他感受到将要与贝蒂陷入某种深刻的情感时。他开始意识到,这并不是表明他多么讨厌贝蒂,而是讨厌贝蒂对自己的爱——因为她的爱开启了他对她发展出深刻情感的可能性,这令他恐惧。他也越发清楚地意识到:琳达,这个看起来让人兴奋、有新鲜感、喜欢冒险的女性,实际上只能让他经历有限度的、可预测的、情感浅薄的体验。而贝蒂,这个看起来熟悉又可以预测的女性,实际上能够让他经历结局开放、不可预测、情感不受限制,却又让他害怕的体验。布雷特在亲密关系上的困扰源于他不能整合欲望和爱意。这是一个非常常见的困难。

爱和欲望

1912年,西格蒙德·弗洛伊德写了一篇简短并较少被人引用的文章。文章标题有多种英文译法,例如"论爱情领域中普遍存在的品质降低倾向(On the Universal Tendency to Debasement in the Sphere of Love)"和"情欲生活中最流行的降级形态(The Most Prevalent Form if Degradation in Erotic Life)"。他在这篇文章中坚定地认为,在那个时代的来访者中,"心理性无能(或心理阳痿)"是仅次于焦虑的一种神经症性困扰形式。他所说的"心理性无能"有双重含义:一种源于心理因素,即一个男性只在某些情况下性功能良好,那么问题就不存在身体方面,而在于心理方面;另一种是弗洛伊德提到的、不会仅仅表现为纯粹的生理形式的损伤。在隐喻性地使用"性无能"一词时,弗洛伊德指向一种性心理抑制的形式,指激发并维持欲望的能力被抑制,是一种心理上的"瘫软"。一个男性也许有能力完成性行为过程中的身体动作,但其内心没有激情,没有强烈的欲望。那个时代的习俗认为这似乎只与男性有关,但弗洛伊德所描述的"心理性无能"是一种对维持欲望能力的选择性抑制,这显然是那个时代的男性和女性都会为之困扰和抗争的。

也许在弗洛伊德的临床观察中,最引人注目的特征是最可能妨碍欲望潜能圆满释放并被彻底体验的条件是爱意本身。和布雷特一样,弗洛伊德的来访者有能力去爱,也有能力去产生欲望,但不能在同一个人那里同时体验到爱意和欲望。弗洛伊德说:"他们对爱的对象没有欲望,对有欲望的对象没有能力去爱。"

弗洛伊德认为心理性无能非常普遍,这种流行病学视角的观点缺乏实证研究,始终难以去评价。但是根据我的临床实践、同行们正式或非正式的个案报告,以及流行文化中反复出现的这类主题,弗洛伊德的观察在今天看来似乎是正确的。这个时代的男男女女都深沉地体验过深情的爱意,也强烈地体验过充满激情的欲望——但往往不是在同一个时刻,也不是对同一个对象。然而,浪漫既需要爱意,也需要欲望。事实上,正是爱意与欲望的共存形成了一种张力,浪漫得以从中浮现。没有欲望的爱意可能是温柔的、亲密的、安全的,但缺失了为浪漫激情提供能量的那些冒险、棱角和危险。没有爱意的欲望可能是愉悦的、刺激的,但缺失了使浪漫激情深入的那些亲密和坚实感。

"圣母/妓女情结"是弗洛伊德时代那些维多利亚式时期男士们内心强有力的、不断重复的主题，而我们这个时代的众多男性则为这种情结的"修改版"所困扰，为之抗争。现在，这种情结通常不再呈现为"圣洁的圣母"相对于"堕落的妓女"，而是呈现为更受尊重的女性相对于性放纵的女性，或者熟悉又可靠的女性相对于陌生、未知又喜爱冒险的女性。同样，这个时代的众多女性也为自己对这两类男性分裂的情感所困扰，也为之抗争：对那些看起来友好善良、可靠、负责任的男性有爱意，又对于那些看起来令人兴奋、鲁莽、有一点危险性的男性有欲望。

早期西方宗教和柏拉图式传统对于性存在秉持负面且忧虑重重的价值取向，正是这些传统塑造了西方文化的感受性，所以或许可以设想弗洛伊德时代的人们所面临的困扰源自这些文化传统的残留。同时，在20世纪60年代的性革命之后，我们也许会期待，"性解放"让当代男性女性有能力不带内在冲突地去爱和产生欲望，不管是分开的，还是同时的。但是，流行杂志的这些文章依旧泛滥：《如何为寡淡的关系增添情趣？》《如何为枯萎的婚姻注入浪漫生机？》。由此可见，20世纪初先辈们的困扰很大程度上依旧伴随着今天的我们。考虑到从弗洛伊德时期到现在有如此之多其他的改变，尤其性方面的风俗习惯和公共领域中性存在的表现，这就更让人惊讶了。

尽管性存在慢慢从维多利亚时代的阴影挣脱出来，尽管广告的性欲化使性存在随处可见，但是在整合爱意与性兴奋、承诺与激情方面，我们似乎遇到了和弗洛伊德时代的人同样多的困扰。

弗洛伊德在1912年表达出的敏锐洞察，让人觉得他像是错误穿越到那个时代的现代人，古怪又有趣。弗洛伊德认为，处于维多利亚时代过度保守*和物种沙文主义两种文化混杂的环境下，生殖器被看作一种源自早期演化阶段的返祖式残存物："人类身体朝着美的方向发展，但是生殖器还没有参与这个过程，所以一直保留着动物性，因而爱在本质上也保留着动物性。"我们只能想象，弗洛伊德会震惊于当代美学中对生殖器的强调：在色情文化的传播中，无论是赤裸裸的色情抑或是隐晦的软色情——遍布了低俗文化和高雅文化——从乔治娅·奥吉弗（Georgia O'Keeffe）的花朵到阴茎型的跑车，以及各种"健壮美男"和"性感美女"的文化图像和符号。然而，尽管这些改变随处可见，性存在也从潜伏隐藏转为公开显露——弗洛伊德的著作也促成了这些转变——但对于今天的人们来说，依旧是"他们对爱的对象没有欲望，对有欲望的对象没有能力去爱"。

稳定与冒险

在现代和后现代时期的知识分子圈中去推测人性的跨文化普遍特征是有风险的。我们被告知，所有一切都是局部特性，是关联于特定文化的。然而，如果一定要强迫我选择一个焊接在人类

---

* 英国维多利亚女王时代（1837—1901）期间英国社会所流行的价值取向和社会风气，崇尚教养、庄重、克制和谦逊等品质，性态度非常保守。在那个时代，通过口头或书面方式谈论性是被禁止的。——译者注

心理中的必不可少之物,那么"家"的感觉将会位于首位。我很难想象一个人或者一种人类文化能够不将自己置身于"家"的感觉中。家,是根源之所,从属之处,是我渴望回归的地方。罗伯特·弗罗斯特(Robert Frost)在《雇工之死》(*The Death of The Hired Man*)中写道:"家就是当你无路可走时,必会接收你的地方。"

因此,"家庭(family)"和"熟悉(familiar)"这两个单词有着相同的词根就并非偶然了。作为一种联结大地和锚定自己的方式,我们寻求着连续感和同一性,每个人也都有自己独特的方式去搭建自己的"家"。当代诗歌中出现的"地方感"往往反映了某个地理位置,尤其是一个人度过童年时光的地方,这种感觉往往会以一种无法替代的、深深的舒适感穿透心灵。有些人只有在或如纽约市拥挤、喧闹和霓虹灯耀眼的氛围中,或如海洋般辽阔却有淡水的五大湖附近,或如雄伟的落基山脉前,或如凝视平坦无际的内布拉斯加州玉米田时,才会有家的感觉。这种体验既是一种神经生理现象,也是一种心理现象:童年时期的声音、气味与图像以及成年时期的重要经历编织进大脑回路,化作认知自我时产生感觉的固有模式,并成为心理安宁状态的内核。

研究者一直在观察婴儿生命最初几个月中那种微妙的、占据主导性的交互影响和适应过程。我们现在知道,新生儿的大脑尚未完全成熟,而婴儿和看护者之间存在许多适宜或不适宜的互动及复杂而微妙的"协商"。控制睡眠/清醒、活动/安静等基本生物节律的关键神经通路,正是通过这些互动和协商建立起来的。婴儿和母亲互相塑造,共同创造了一个成长中的孩子终将适应的世界。母亲提供的不仅仅是支持性环境——一个无特征的容器，还是一个特定的支持性环境，它有着自身独特的情感基调和感觉内涵。从最深层的过往开始，我们逐渐变成为自身生命早期的重要他人。在体验到"家"的感觉时，这种深刻的联结感和归属感会被激活。在遇见家里人时，或者遇见未来有望共同组建家庭的人时，这些感受也会激活。它反映了一种匹配，一种内心某物和外在某物的普遍共鸣，一种过往和当下的普遍共鸣，一种我们曾经所是、现在正是和渴望成为的存在间的普遍共鸣。

家的感觉也有一种原型式的阴暗面，一种对逃避、超越和旅行的渴望。在由约瑟夫·坎贝尔（Joseph Campbell）所著的比较神话学领域经典研究《千面英雄》(*The Hero with A Thousand Faces*) 中，主人公离开家追寻"男子气概、智慧和真理"——这个故事在一千种文化里各有描述，因此他也就有了一千种面孔。为了寻找自我，我们必须离开家，各种神话传说都是这样的套路，也包括当代精神分析领域关于分离-个体化的叙述。家变成了监狱，围墙变成了囚笼；在美国口语中，曾经热烈取悦和渴求的爱人成为"老婆子"或"老头子""轮毂"或"球和链"（"hubby" or "ball-and-chain."）*。

家庭和冒险相互对应，这一具有跨文化普遍性的主题也反映在我们当今的日常生活方式上。一方面，我们花了大量时间守在一个熟悉的空间里，建造一个家——然后申明所有权，守护它的

---

* "hubby"，轮毂，美国俚语中的"丈夫"之意；"ball-and-chain"，球和链，美国俚语中的"妻子"之意。——译者注

安定，还像鸟儿用羽毛装饰巢一般去装饰它。另一方面，这种特别的安全感又刺激了我们对冒险的感知和对新奇的渴求，我们渴望摆脱束缚，追寻自由。用杰克·凯鲁亚克（Jack Kerouac）的话来说，很难找到一个满足于守护边界、不被"再次上路"所诱惑的"筑巢者"。当然，也很难想象那种沉迷于冒险，感受不到家的牵引的"流浪者"。

在分配和协商这些观点的方式上，夫妻间往往存在性别差异。一方肯定家庭的价值（通常是女性），另一方肯定自由追寻的价值（通常是男性）。然而，更加细致的观察会表明，伴侣双方都会肯定这两种价值。作为彼此冲突的价值，它们很难容纳进单一的自我并持续存在。因此，当伴侣一方自由地表达另一方也想拥有的价值时，后者会为之吸引而向其靠近，但同时也害怕让自己体会或表达这些价值。男性对熟悉感和安全感的依赖并不比女性少，但当代文化中男性的认同感很容易因自身的依赖渴望而动摇。相似地，女性对冒险的热爱也并不比男性少，但她们担心自己对冒险的热爱会影响女性的认同感中更为传统的部分。

因此，在平凡与超越、安全与冒险、熟悉与新奇之间，似乎存在着一种根本性的对立，这种对立贯穿人类整体经验。比较宗教学领域的学者，比如米尔西亚·伊利亚德（Mircea Eliade），曾经写过世俗与神学的区别；认知发展理论，比如皮亚杰的理论，强调同化（assimilation）和顺应（accommodation）的辩证关系——同化是使用已经建立的图式吸收新刺激，而顺应是调整已经建立的图式来容纳新刺激。最近，精神分析领域的杰伊·格林伯格

(Jay Greenberg)则提出了一种基于安全和效能冲突性需求的双重本能理论。上述二分法都指向两种根本又互相冲突的人类需要：一方面，人类需要一个（自己觉得）完全已知和可预测的根本性指导，一个可靠的锚定物或框架，就像艾瑞克·弗洛姆（Erich Fromm）所说的"信仰倾向和虔诚"；另一方面，人类又渴望打破既定的、熟悉的模式，跨越边界，迎向不可预测的、令人惊叹的、不可思议的事物。浪漫的激情是这两股潮流汇聚后浮现出的。

爱情和浪漫：一种不稳定的婚姻

尽管中世纪前就已经有关于浪漫爱情事例的记载，但是一些历史学家认为，直到中世纪晚期浪漫爱情故事才普遍出现，并且发展出了典雅爱情*故事这一文学体裁，这和随后发展出的"个体自我"这一现代观念的起源时间相一致。古典叙述诗和中世纪叙事诗都把人生描绘成一场对忍耐能力的考验，这些考验决定了个体死后的归宿。文艺复兴早期的浪漫主义则开始把人生描绘成一种关于个体自我的追寻，离开了家庭和熟悉的环境所带来的安全感，跨越既定的边界进入未知的领域，这对个体来说是一件危险的事。那时候的浪漫爱情几乎成了超然体验的典范，让人觉得既诱惑又神圣：骑士钟爱某个贵族女子，而事实上骑士可能并不了解对方，所有的爱意仅源于远远一瞥，比如但丁（Dante）和比阿特

---

* 原文为"courtly love"，也常常被翻译为"宫廷爱情"，相关小说大多描写中世纪骑士和贵族女子之间的浪漫感情故事。——译者注

丽斯（Beatrice）。但也正是由于贵族女子不同寻常的特殊地位，方能让骑士觉得她超凡脱俗，从而让他有可能超越自己熟悉的边界。在浪漫的激情中，爱人赋予了所爱之人虚幻的（幻想中的）价值，被爱之人则成为美丽、权力、完美这些理想观念的具体化身。

在当时，婚姻成为家族出于经济和政治因素所做的一项契约，典雅爱情故事也因而得以发展。因为相比而言，浪漫位于婚姻关系之外，是一个自发出现、未经安排的感受世界。任何所谓的浪漫爱情之所以能够持久，不是因为义务，不是因为承诺，而是因为它反映了情侣间强烈的激情和奉献。人们也倾向于认为缺乏激情的婚姻是实用的、必要的，这可以使婚姻远离"低贱"的本能，保持精神上的纯洁感和安全感。

然而，到了17世纪，欧洲和美洲的婚姻和爱情这两种两极化观念开始融合。越来越多的人把婚姻理解为一种激情的结合，并期待包办婚姻中的伴侣也能日久生情。那时候的人们相信，婚姻应该带来浪漫。到了19世纪，随着包办婚姻越来越少见，两者的顺序发生了逆转：并不是婚姻带来情欲激情，而是情欲激情和冒险带来了婚姻。爱情变得更加性欲化了，而浪漫则被视为最初的爱之火花。随着时间推移，这团火花又变成婚姻和生儿育女的稳固基础。到了20世纪早期，正如当时一首流行歌曲所说"爱情和婚姻，爱情和婚姻，就像骏马和车厢，相伴前行"。

激情和承诺反映了非常不同的价值观，并且都深深扎根进美国人的心理世界。《内心的习惯》（*Habit of the Heart*）是目前最具思想性的、聚焦美国人内心体验的社会学研究之一，在这本书中，罗伯特·贝拉（Robert Bellah）与合著者探讨了自由与义务、个人主义与承诺这些理想观念间复杂又常常相互矛盾的紧张关系，这种紧张关系强有力地塑造了美国人的内心体验。"因此，爱情是内心自由的自发性表达，是高度个人化的个体选择，但又必然在某种程度上是随心所欲的；而爱情的形象则是一种坚定根植于内心的永恒承诺，体现了爱情关系中超越伴侣们即刻感受或愿望的那些义务。"

但激情与承诺、爱情与婚姻的联盟总是不稳定的。例如，传统的精神分析理论通常对爱情的浪漫和理想化层面持悲观态度，在根本上把它理解为一种退行和防御。在最积极的看法中，浪漫爱情也只被认为是稳固爱情前的短暂序曲；一旦面对现实，一个人开始了解到另一个人"真实"的样子，理想化就会逐渐破灭，而没有了理想化作为燃料，浪漫爱情的幻象*也会逐渐熄灭。浪

---

* 原文为"illusion"，与fantasy、delusion、hallucination这些词在本书中频繁出现，因而准确理解它们之间的区别非常重要。它们都是头脑中所发生的某种想象的画面、想法或情感。其中，fantasy是幻想，强调心理上发生的事情，与现实中（reality）发生的事情相对应，本书统一翻译为"幻想"；illusion是对我们所相信的某种幻想的想象，往往会激发强烈的情感，本书统一翻译为"幻象"，它常常与客观现实不相符，有奇特、幼稚等特点，这些特点也是这个概念的强调点；delusion是我们坚定相信但与现实严重不符或完全不可能实现的某种信念和愿望，强调的是与现实不符但仍坚定地相信，本书统一翻译为"妄想"；hallucination，是一个精神科医学术语，指在没有感官刺激输入的情况下来访者感知到的某种不存在的事物，本书统一翻译为"幻觉"。如果从病理的角度来说，幻觉最为严重，其次为妄想，最后为幻象，而幻想是一种正常现象。不过幻象也是每个人都会有的，并且会对人的生活产生巨大影响，对自己幻象的觉察程度是个体自我觉察能力、人格成熟度等的指标之一。——译者注

漫可能会指明方向，但许多专家认为，正是它造成了生活中危险和不稳定的基础。或许就像骏马和车厢那样，爱情和婚姻相伴前行。至关重要的是，"激情的骏马"得迅速拴系在"体面的车厢"上，这样车厢的重量才能阻止骏马跑远。

20世纪60年代的性革命藐视了这个警告。随着性愉悦和性满足日益重要并成为核心价值，越来越多的人把接受婚前性行为视为爱情的证明和承诺的前提。人们期待婚姻能够也应该提供足够的性满足，随着时间推移，期待值也大大上升了。离婚率的上升清楚地反映了在这个新标准衡量下婚姻关系的破灭频率。性革命对文化产生了更加戏剧性、更加微妙的影响，对于男女双方来说，性满足都成为一种不可剥夺的天赋权利，一种终极价值。一段关系的可行性往往要根据这一单一标准衡量。

这些发展也反映在同性恋解放运动中。基于清教徒神学和道德观念的同性恋批判一直是美国文化的背景特征，但在20世纪中期，精神病学和精神分析又把这种谴责变成了一场全面攻击，给同性恋打上了罪恶和疾病的烙印。他们认为，放弃同性恋倾向是至关重要的。为了回应这种压迫，20世纪60年代形成的同性恋身份认同正是围绕着"无法选择"这一主张塑造的。随着同性恋解放运动成为潮流，基本原则随之形成：性取向是最深层自我的反映，改变性取向是不可能的，选择只在于"表达自我个性"抑或"压抑自我直到窒息"。

这些身份认同原则和那个时代更加通用的信念相一致：性存在是自我的核心，生活的幸福很大程度上取决于它的表达和满足。在过去二十年里,尽管艾滋病的流行和部分人的强烈抵制刹住了性革命的势头,但对完美性满足的追求保留了下来。对许多人来说,疾病使得和众多性伴侣的性行为充满风险,稳固、熟悉的关系也不再那么值得自己耗费心力。尽管如此,大多数人仍然相信,自我反映在性存在中,也通过它表达;这一信念使得对浪漫的追求成为一种流行的"生活功课",而不管这种浪漫是在长期关系之内还是之外。

安全及其幻象

在通俗文学和精神分析文献中常见的关于心理性无能的故事,都把不正当的、危险的性存在中的刺激感描绘得神秘难懂。为什么一个女性明明爱着稳定又可靠的丈夫,却又只在偶尔和"一个让她感觉到危险的男性"在一起时才会兴奋起来?为什么一个男性明明感动于妻子对他的忠诚,却总觉得别人的妻子很迷人?

当精神分析师试图解释某件不理解的事时,通常会还原个体童年时期的某一前导因素。因此,危险、不正当、出轨、情欲冒险——通常全被理解成是对童年时被禁止的俄狄浦斯情结的创造性重新表达。已知、熟悉之事的乏味及对未知的兴奋这两种体验间存在着冲突,而这种冲突又为俄狄浦斯情结的幻想(fantasy)提供了浮现的空间。在这种传统解释中,显而易见的解决办法是自我克制,即成年人成熟的理性必须战胜婴儿式幻想中的幻象。苦命的爱人被责令必须成熟，重新献身于日常生活中那枯燥且可预见的熟悉中去！

但我发现，在这类临床情境中把问题反转过来思考反而会很有帮助：个体中男性女性究竟是怎样经营主要关系的，以至于能感到如此的安全？对这样的个体来说，这些可得的关系似乎被看作是轻而易举、触手可及的，他们事先假定了关系中的安全感。但在仔细探索这些已经建立了的关系的内涵时，我总能发现安全感并不是既存事实，而是主观构建；熟悉感并不基于双方深入的相互了解，而是其共谋下的产物；可预测性不是真实情况，而是精心编织的幻想。在生活中以下情况司空见惯：一段长期的关系破裂后，伴侣一方或双方才震惊地发现，自己原来一直在无意中假定了另一半会有的内在体验，而这些假设（或者说对另一半会如何感受的坚定信念）使得双方都感觉整段关系既安全又乏味。这些假设不过是单方头脑中的虚构之物，但通常是双方共同营造的结果。事实上，丈夫并不那么可靠，妻子也并不那么忠诚。他们会发现"乏味的另一半"有着各种各样的秘密，有着非常私人的想法和感受，也许还有一段表达这些秘密、想法和感受的隐秘关系。"她并不是我原本所以为的那个她！"这是被背叛者的悲叹，这声叹息多么准确！

我们在多大程度上可以知晓、预测另一个人？我们在多大程度上可以知晓、预测自身？一直以来，传统心理学家和哲学家确实把自我描绘成是可以确切知晓的——自我由稳定而又可以预测的结构组成；存在一个连续的核心自我，这个核心自我是个单一内核。如果安全是被事先假定的，那么它就会自动寻求验证。但是，新兴的理论流派把自我的特点描绘为更不能接近的、去中心化的、流动的、不连续的。

从这个更新的视角来看，需要解释的并不是冒险、危险，而是所谓的可以预测和安全。对不能接近事物的渴望感、对已知事物的控制感，这是同一种幻象的两个面向，它们的功能都是为了容纳风险和不确定性。渴望"得不到的对象*"是为了隔离欲望，并使之进入一个命运已定的领域。没有结果的爱是痛苦的，但也是安全的。相反，长期关系中经常出现的安全感、占有感和所有感，在某种程度上是根基于永恒幻想而产生的。

在长期关系中，存在一个建立安全感的强大动机，那是一种对不可预测的预见，一种对未知的知晓。随笔作家亚当·菲利普斯（Adam Phillips）曾经指出：

> 认识他人的过程，或者知道关于他人某类知识的过程，这可能是反情欲的；人们在某些形式上互相熟悉，其无意识的意图是为了扼杀欲望。这一说法并非

---

* 原文为"object"，意为态度、情感、行动所投注的对象。在本书中有两种情况，一种情况下这个对象是客观存在于外在世界的事物，另一种情况下这个对象是主观存在于内心世界的事物表征（形象），有时候object会同时包含上述两种情况。第一种情况本书通常翻译为"对象"，第二种情况本书通常翻译为"客体"，如果同时包含这两种情况，本书通常翻译为"对象"。"客体"也是组成我们心理的基本结构类型之一。——译者注

> 简单地基于"飘忽不定"或"嫉妒"有助于维持欲望，还因为某些认识他人的方式会削弱他们对我们的兴趣，而且这可能是他们恒久不变的愿望。因此，我们必须密切留意他人邀请我们——或者允许我们——认识他们的方式。同时，也提醒自己要警觉：认识的过程可能会非常有倾向性，有着非常精明的安排，这也是相爱过程的范式。

菲利普斯所谓的某些形式的认识过程是指强迫的形式，这会把他人的流动性和多样性固着进一个可以预测的模式中。这种形式的认识过程会扼杀浪漫的激情，但却在长期关系中非常普遍，有着很强的吸引力。它似乎增强了安全感（就像所有安全操作一样，只能在短期内有效），但其实是强迫的，是虚幻的。

人们经常会说，对彼此的习惯会扼杀欲望。但爱人是怎么变得习以为常的呢？对于机械式任务来说，比如洗碗和刷牙，形成习惯非常有用。但是习惯于彼此对关系来说却是致命的。我们很容易会在某种程度上习惯于所爱之人。但是想想看，"把某人变成一种习惯"是多么不公平，多么令人愤怒，要把个体的人性和复杂性简化到什么程度！这种"彼此习惯"往往使浪漫爱情变得枯燥乏味，它并不是爱情本身固有的本质，而是一种具有保护作用的、把爱情降级的策略，是对浪漫爱情固有脆弱性的防御，也是爱情发展历史的产物。

依恋和舒适的爱

好父母为孩子提供的东西之一，是某种程度上虽虚幻但又精心构建的安全氛围，使孩子得以建立"安全依恋"。用温尼科特（Winnicott）的术语来说，足够好的父母不会与年幼的孩子谈论他们自己的恐惧、担忧和疑惑。他们给孩子构建了"伤害永远能被免除"的感受，孩子不会有突然出现的警惕感，因而可以去发现并探索自己的心灵、创造性和生活中的喜悦。儿童虐待可怕的破坏性不仅在于虐待本身带来的创伤，而且在于无法给孩子提供一个受保护的心理成长空间。

重要的是，孩子意识不到这个保护空间需要父母多么辛劳才能维持，父母在背后又做了多少的事务。但是作为成年人，我们会逐渐学习照顾者是如何提供那个像蚕茧一般的安全空间。孩子们会从对父母的安全依恋中感受到内在的确定感和控制感，但在某种程度上这是一种幻象，还是一个很难打破的"魔咒"。这就是为什么对孩子来说突然丧失依恋对象会是灾难性的。

父母竭尽全力为孩子提供对环境的控制感，但即使在最好的情况下，这种控制感本身（在某种程度上）也是虚幻的。就像众人一样，父母只能有限地触碰和控制自己的感受。因此，儿童深深地被其所处早期人际关系环境的特征所影响，父母也许能觉察到一些，也许不能。通常，父母的秘密也会成为一种可被隐约感知的存在，即使这些秘密已处于未被语言清晰表达的状态。而父母的经历、无意识冲突、所否认的激情都具有"处于孩子觉察之外"的特点，这又往往让孩子觉得它们是诱惑的、禁忌的、神秘的。父母努力尝试为孩子提供一个安全基地，将这些感受特征隔离出去，但往往正是这些感受特征会成为孩子体验中最令人不安、挑逗和兴奋的特点，并深深烙印在孩子的欲望之中。

我们在儿童早期精心设计且必不可少的安全背景下学会了爱，而爱永恒寻求着一种屏蔽了未知、幻想和危险的安全状态。最出乎意料也很荒诞的是，我们努力地使爱情变得更安全，而这些努力又总会使爱情更加危险。毫无疑问，单一伴侣制下承诺的动力之一是为了让关系变得更安全而付出努力，为了保护爱情的脆弱、屏蔽爱情的风险而建造篱墙。然而，当今这一可敬的制度承诺倾向于伴侣互惠。我们选择一个人作为自己唯一的伴侣，这戏剧性地增加了个体对于伴侣的依赖，使爱情变得更危险，也使人们付出更多的努力来保障那是一份更令人信服的爱情。我们佯装相信自己以某种方式把爱情中的风险最小化并保证了安全，但也因此损坏了欲望的前提条件——欲望是需要稳固而丰富的想象力才能呼吸和茁壮成长的。

苏珊（Susan）是一位45岁左右的女性，她困惑于自己做过的一些选择，担忧自己的生活陷入了社会学中提到的"陈腐无趣的循环"，于是前来接受精神分析性心理治疗。无论是在物质层面还是人际关系上，她的童年都非常匮乏。多亏母亲长期虔诚于信仰（虽有点做作），给了她一些微弱的安全感。虽然苏珊青春期和成年早期的经历非常坎坷，但她凭借非凡的智力和创造力，为自己创造了满意的生活——尽管有些乏味。她和丈夫及孩子们生活在一起，感觉家庭生活过得非常丰富又有意义。然而，在治疗开始的前两年，她陷入了和一位年轻男性的恋情。她鲁莽地、不顾后果地沉迷于这份恋情中，既兴奋又害怕。这是中年危机吗？她应该拒绝婚外情的刺激，成熟理智地回归舒适的家庭生活吗？还是应该放弃熟悉的日常、传统的关系，与情人一起寻求更真实但也更危险的生活？这个选择和电视台时常播放的电影剧情没什么两样，为此她既压抑沮丧，又踟蹰不前。

我经常为苏珊全方位的自我贬低所震惊。她是位才华横溢、极具吸引力的女性，但却总觉得自己一直生活在崩溃的边缘。随着慢慢了解到她是如何组建家庭，我们清晰地发现她的婚姻生活在某种程度上像是在疗养院接受照料一样。她丈夫很关心她，甚至可以说有点溺爱她，这传递给她一种他永远可以随叫随到、有求必应的感觉。她痛苦地抱怨说这种溺爱带给她的影响是反情欲的，但随着深入地探索他们的生活安排，我们也越发清晰地发现她依赖于这种溺爱，某种意义上她也在坚持让这种状态继续下去。她相信，沉闷的婚姻和令人兴奋的婚外情都源自这两个男性本身。而我则指出，是她用某些方式让婚姻停留在乏味和可预测的状态，同时又把自己对冒险的需要从婚姻中隔离出去，将之投入另一段关系。我尝试启发她并让她意识到，虽然她很"成功"地将这种情况维持了很长时间，但也总在为某种崩溃做准备；她需要让丈夫"乏味"同时能可靠地照顾她。随着她逐渐意识到自己给双方关系安排了"兴奋"和"枯燥又可预测"的基调，这两段关系都开始发生变化。

她惊讶地发现自己在和丈夫互动时是多么压抑,于是她开始和他探讨,希望彼此可以更加敞开心扉、倾诉真情。起初丈夫的回应有些谨慎,但在之后的一次治疗中,她报告说他们一起度过了一个非常浪漫的周末,丈夫甚至用一种让她更兴奋的方式回应了她那略微不同于常人的性癖好。"这个周末真美妙呀,"她说,"非常舒适!(cozy)"

我对她使用的"舒适"一词很感兴趣。以前她用"舒适"来描述自己和丈夫的关系,她丈夫会穿着拖鞋、脚步轻轻地为她端上咖啡。她从未用"舒适"这个词来描述自己和情人的关系,那么用它来形容这个周末里打破常规的事就显得有些古怪了。我们开始觉得,她选择使用这个词正是她过去处理相关经历的方式中的重要部分,通过这种方式,她可以使自己维持"陈腐无趣的循环",重新获得熟悉感和可预测感——因为她感到终有一天自己可能还会迫切需要这些熟悉感和可预测感,当然也同样需要不断地反抗这些熟悉感和可预测感,来在自己身上寻找更真实、更有生命力的东西。

孩子和成人都有一种强烈的需要,他们需要既认识自己又认识他人,需要一种完全安全的依恋关系。但是在人和人的关系中,安全感和可预测感都非常难得到。我们常常无休止地努力,试图重建那种虚幻的永恒感和可预测感。当来访者抱怨死气沉沉、毫无活力的婚姻时,我们获得了一个可能的机会,向其展示他们其实觉得这种死气沉沉弥足珍贵,展示他们是怎样小心谨慎地维护和坚持它，又是如何把性爱过程变得非常机械化、完全可预测——铸成一座堡垒以抵御意外和不确定性带来的恐惧。因此，除了幻想的、虚幻的、支撑安全的维度，"安全依恋"这一概念并不是理解成年人双向浪漫爱情非常有用的模型。尽管我们一直希望爱情能够变得安全，但就其本质而言，爱情是不安全的。

安全感的幻象和想象力的隔离

爱因斯坦的物理学告诉我们，运动不能通过绝对参照系来衡量，只能通过相对参照系。如果此刻我正静坐在一架横穿大西洋的飞机上，相对于地球表面而言，我处于运动状态；相对于同飞机的其他乘客而言，我则处于静止状态。心理也有类似规律——平静和变动也是相对的，很大程度上取决于个体所处的位置和向往的方向。

我们渴望把情感生活看作安全的、熟悉的，也就是处于平静状态；我们也渴望变动，渴望超越心理围城的边界。但是，家到底有多安全、多平静呢？我们的心理围城又有多么安全呢？这些安全感是现实的吗？冒险只是一种幻想吗？

如果我们假定安全感和稳定感基本上是现实的，那么正是变动、间断、无常为想象力创造了空间，使欲望成为可能。但是，如果我们假定人类体验在本质上处于不断演变的状态中，永恒的运动和变化才是本质，那么家和安全就只会产生于想象力的活动。因而，变动和无常就成了体验的基本背景，通常会表现为一种生命难以承受的流动感。在这种倒转的假设中，演变和冒险变成了现实，而保障和安全则是幻想中的，最终导致某种程度上"家"的感觉和寻求联结的感觉都是想象力下的结果。

我们的心理生命和爱在孤独与联结间来回摆荡。孤独和联结都可能是令人恐惧的，也都可能充满风险。但每一种内在危险都可以通过计划和幻想来规避。因此，与婚姻中的法律契约并行的是一种无意识的心理契约。这种心理契约是双方一致赞同的约定，双方约定假装彼此间存在永恒的、不可改变的、实际上却又不可能存在的约束——这种共同约定也使双方必须谨慎守护彼此间永远克制的距离。久负盛名的法国精神分析师雅克·拉康（Jacques Lacan）似乎认为真实的关系从未有可能存在，但为了描绘虚幻的安全感，他生动地捕捉到"降级了的浪漫不过是一种海市蜃楼"。他写道："爱情，就是把一件你并不拥有的东西给一个你从不认识的人。"

情侣们拥有着充满激情的性生活，却又害怕婚姻，这是一种常见现象。这种害怕并非完全没有根据。当然，扼杀欲望的并不是婚姻本身，而是婚姻得以构建的方式。为了保护爱情，我们渴望着确定感和绝对的安全感。常见的婚姻誓言——"直到死亡将彼此分开"——似乎精准地按照这一思路给出了肯定的许诺。结婚前，情侣们通常会觉得自己是自由的、天真烂漫的、爱冒险的、生动自然的。在婚姻中，他们却寻求着稳定感和永恒感，开始把自己和对方认同为像母亲和父亲那样的"成年人"，也就是认同为静态的人。他们把随着静态而来的死气沉沉归因于婚姻制度本身，而不是自身对确定感和永恒感的冲突性渴望——他们需要这种确定感和永恒感，以构建婚姻对自己的意义。

一旦完全的安全感、可预测感和合一感在内心中永恒地确立起来，对方很快就会变成愚钝无趣。威廉·布莱克（William Blake）是一位有着远见卓识的浪漫主义诗人，他最早意识到弥尔顿（Milton）《失乐园》（*Paradise Lost*）中那位神秘的英雄不是上帝，而是撒旦。永恒的安全感是虚幻的，是一种人为的设计，也正因如此它会扼杀活力，并催生激烈的反抗。因而，我们会惊叹于正在分居的情侣们会打着"给自己一个未拥有的青春期"这样的旗号，频繁地探索性存在。人们希望自己的青春期拥有自由的性表达，不用受安全或者习俗的约束，但事实上几乎没人拥有这样的青春期。这就是为什么许多人很难在长期关系中为青春期版的自我找到合适的位置，因为长期关系都建立在对虚幻安全感的共谋上。性反应既不能被意志控制，也不能刻意操控，这使得性存在简直就是反抗这些心理契约的完美计划。性唤起是难以控制的、不可预测的，也必然会带来脆弱和风险——它揭穿了安全感与控制感的真实情况，让我们知道它们不过是一种幻象。

幻想和某个得不到的或不能接近的人发生性行为，幻想与神秘的陌生人发生性行为，这都极其诱人——诱惑不是简单地源自有了探索禁忌和危险的机会，而是源自它们在一个比现实更安全的场所中（即幻想空间）为将这些禁忌和危险变成幻想提供了机会。如果在现实关系中，我们不会愿意自己变得不稳定。

拴着锁链铁链的野兽

奥斯卡（Oscar）对已经持续了很多年的亲密关系越来越不满，甚至差点结束了这段关系，他还因此寻求心理治疗的帮助。一直以来，这段关系在许多方面都令他非常满意，但奥斯卡不愿和女朋友结婚，他觉得她在性方面太拘束了。他觉得自己被欲望驱使着不断和其他女性调情，也相当精通此道——轻而易举地就建立起完美的性关系。和别的女性调情让他很兴奋，他觉得这是女朋友的性压抑导致的"需要"。等逐渐迷恋上某位女性后，他又觉得除了调情外谁都不如他的女朋友。

奥斯卡的言谈举止都受到了女朋友的拘束的影响，他非常确信女友认为他"像野兽般野蛮"，觉得无法和她分享自己的性想法、性幻想、过去的性经历。他很肯定，女朋友会把这些当成他对她的感情正在动摇的证据。

在治疗过程中，我们逐渐理解到奥斯卡在不断通过某种方式向女朋友传递这样一种观点：对他们的亲密关系来说，他的性存在是个巨大的危险。他把自己体验成一头野蛮、危险、滥交的野兽，也让女朋友这么看待他。并且，如果没有她对他的控制，他就会把附近的每个女性都迷住。对他来说，自己的这些体验和女朋友的看法都极其重要。我启发他认识到，他不只把自己体验成一头野兽，还是一头拴着铁链的野兽。对他来说，铁链和兽性一样重要，他也擅长引诱女朋友成为那条铁链，对他自以为的性贪婪施加外部控制。从每次性邂逅的实际过程来说，他都是一个最忠诚的情人，但他活得就像是一个需要让诸多飞盘同时保持旋转的杂技演员，身心耗竭。

从本质上看，这种冲突是由于两人在性方面的敏感度不同吗？我认为并非如此。某次咨询开始后，奥斯卡不知道从何谈起，于是开始反思他的这个问题，我们也开始从更广泛的视角思考这个议题。他有太多想要谈论和思考的事情，在他的想象中，这些事情就像吃自助餐一样——所有食物都摆在面前随意取用。他对从何谈起感到犹豫，因为害怕一旦选定一个，就无法谈论其他话题。我也惊讶于他头脑中那个自助餐的画面，于是问他两者间的关联。他成长于一个大城市里的工人阶级社区，那儿很少有高档餐厅。在他童年时，附近一家自助餐厅开张了，并且迅速走红。支付固定价格就可以想吃多少就吃多少，这样的机会实在让人难以抗拒。他和家人经常光顾这家餐厅，但是认为自己的社会地位和道德修养比其他顾客更为优越。对他们来说，用餐体验的一个重要部分，就是愉悦地看着其他顾客一遍遍端着装满食物的盘子来来回回，而他们却能非常克制。如果说别人正沉溺于口腹之欲的贪婪中，他们就是沉浸在充满正直感的狂欢里。

奥斯卡和我开始意识到，"克制"是他在生活中所践行的一个中心主题。而这段亲密关系最重要的功能之一是尽管他连续遭受挫败、长久地经受着强烈的诱惑，但依然能在这段关系中展现自己的"忠诚"。这种正直感被他建立起来，保护了"我是一个善良和可爱的人"的感受，并给了他一种绝对安全的幻象。

构建安全感和欲望

爱意和欲望间闪耀着紧张的电弧,浪漫得以从中浮现,就如我们所有的体验一样,爱意和欲望在某种程度上都是心理的建构。当然它们也不完全是心理的建构,不完全受意识层面意志的支配,所以我们无法随意在某天选择一个投注爱意和欲望的对象。但是爱意和欲望形成于日常生活中,我们需要付出很多努力才能构建它们出现的背景。

许多文化(包括早期的西方文化)都明确地区分了婚姻和情欲。婚姻中的"权利"是经由正式约定和司法过程确立的,但情欲只能在更安全的表达之处寻找。这种对立范畴更容易被认定为是一种心理建构,因为它们是社会性的和制度性的。

在20世纪初,弗洛伊德发现了在爱意与欲望间普遍存在的分裂现象,而这在很大程度上依然伴随着21世纪的我们。这种分裂现象同样是人类心理建构的产物,但如今建立在个体私密体验的基础上,因而很大程度上处于人们的意识之外。

现代婚姻中的"权利"和期望通常通过非正式的方式确立,但仍然如过去那样坚决,这既体现在彼此意识层面关于权力的协商,也体现在无意识层面是否认同自我和伴侣具备了假性成熟的稳定感和确定感。现在,存在一种宣扬替代性情欲兴奋感的渠道,且这样的渠道数量丰富,人们可以轻易获得。流行文化正在售卖那些降级的浪漫——种类如此众多,实在令人吃惊——肥皂剧、浪漫小说、对明星个人生活的迷恋等。既然要把现实的亲密关系经营成死气沉沉的状态以满足安全感的需要，那么就得在更加遥远而安全的领域中寻找替代性的激情。

尼采在其悲剧理论中成功捕捉到了真正悲剧中介于形式创造与形式消解间的精妙平衡。尼采认为，个体生命是转瞬即逝的，在某种意义上来说也是虚幻的，个体生命只是一种从宇宙能量中浮现又迅速消融于宇宙的短暂形态。个体可以通过两种方式从生命中繁多的悲剧里逃脱：一种方式是赋予自身及创造的成果一种虚幻的永恒感，就像一个在沙滩上建造沙堡的人被哄骗着相信其造物会永恒不朽；另一种方式是被自身转瞬即逝的命运打败，就像这个人丧失了建造的能力，瘫倒在沙滩上，绝望地等待浪潮到来。然而，尼采想象着那些具有悲剧精神的男性或女性，他们过着最充实的生活，好比一个人既激情澎湃地建造沙堡，又时刻留意即将到来的浪潮。万事万物短暂又虚幻的本质，并不因我们沉溺于工作的激情而减损分毫。相反，工作的激情只会增强、丰富那种短暂感和虚幻感。

真正的浪漫主义反映了尼采在悲剧中所发现的那种精巧的融合特性。情侣们建造着浪漫的城堡，仿佛它会永远存在，尽管他们同时也清楚地知道这只是个脆弱而短暂的结构。弗洛伊德使用术语"心理性无能"来描述这种分裂的现象，所谓"分裂"指的是通过把永恒从冒险中隔离出来，从而努力减低风险。那些无聊而坚固的城堡将如婚姻般永远矗立在那儿，而其他想象的城堡只会像一夜情般稍纵即逝。但是在这种分裂状态中，某些非常重要的东西丢失了。从尼采的视角来看，真正的浪漫都是悲剧性的。浪漫终会消亡，从不会简单地保持在稳定状态。即使在最好的状况中，浪漫也在不断地"来来去去"，永远处在"消失然后又被重新发现"的过程。哈罗德·布鲁姆（Harold Bloom）在论述《罗密欧与朱丽叶》（*Romeo and Juliet*）时提道："'要么爱情消亡，要么爱人消亡'，这就是实际情况中全部的可能性。"我们确实深切地感受到浪漫激情会天长地久、海枯石烂，浪漫激情的产生本身也需要我们能够沉浸在这样的深刻感受中。不幸的是，这样的保证实际上并不存在。生活和爱情都不可避免充满重重困难和风险，为了控制这些风险，我们通常会在各种各样的关系中努力寻找安全和冒险的根源，然后定位它们，保护它们。

肯定存在这样的关系——浪漫激情随着时间流逝而逐渐消亡。放弃的代价往往少于修复的代价，因为修复可能需要花费无数年月、付出诸多努力。但虚幻的确定感有着非常强大的吸引力，长期关系中激情贫乏的状态通常并不是激情之火熄灭了的结果，而是双方的共谋，努力把关系保持在迟钝、乏味和停滞状态下。我并没有建议长期关系应该一直保持在渴求的状态——这也是非常危险的状况——但渴求是让长期关系不时变得有趣起来的东西。

人类既渴望安全又渴望冒险，既渴望熟悉又渴望新奇。我们有时能找到方法交替寻觅，有时两者则会达成微妙平衡。但它们会朝相反方向牵引我们，让安全和冒险之间保持平衡只可能是短暂的，让我们从调和两种冲突性需求的辛苦努力中获得暂时停歇。

浪漫中充满了渴望，浓烈的欲望总会催发一种匮乏感。浪漫激情的前提条件是"缺失"，是渴望自己所没有的东西。然而，浪漫爱情诱使我们相信，它会承诺保证安全感——只要能够找到彼此，只要能够在一起，只要能够"从此以后，两人幸福地生活在一起"，那么就会拥有安全感和幸福。所以浪漫激情的本质是努力克服它所催发出的缺失感，是去寻求为欲望所暂时占据的完整感，是带着从恶龙那里解救出的公主回到城堡。我们愿意相信，自己的城堡是由石头建造的，而不是沙子；自己的爱情也是坚定而安全的，不会随时光流逝而改变。但一旦返回想象中的城堡，无论是骑士还是公主，往往都会失去吸引力，这个结局令人感慨万千。

最易得的结论是这并不是真正的骑士，也不是真正的公主——真正的骑士或公主还在城堡之外的某个地方。但这个结论之所以如此易得，是因为它使我们感到暂时安全，而不是因为它反映了生活的真相。并不是说骑士、公主和城堡是完全虚幻的、纯粹的幻想，而是说骑士、公主和城堡从来就不是故事的全部，特别是涉及男性和女性不断变换发展的复杂性和模糊性时，以及涉及我们为自身所构建的社会体制时。

我们总是在改变，爱情也当然不会保持原样。因此，就其本质而言，浪漫爱情会持续颠覆稳定。它促使我们不满足于已经拥有的，总是看向尚未拥有的、已拥有但还不够的，或已拥有却不够可靠的。以下三个章节将会分别探讨浪漫激情的三个主要维度——性存在、理想化和攻击性——如何逐渐削弱安全感和自我感,也会探讨这种持续颠覆稳定的特性如何提高"赌注",并使浪漫爱情变得既危险又有意义。

2

性存在的奇妙环路

> 正如我所设想的那样,互惠的爱情是一个像镜子一样的系统,它以千万个我从未知晓的视角忠实地为我映照所爱之人的形象,它总能神奇地预知我的欲望,总能为生活增添光彩。
>
> ——安德烈·布列塔尼(Andre Breton)

在所有人类体验领域中,没什么比性存在有更多的冲突、难题和困惑。性主题在音乐、戏剧、电影、电视和文学作品中都广为流行。性诱惑和性福利的许诺被用于各种产品的销售——从汽车到计算机,从衣服到牙膏——也推动着经济的发展。过去几十年来,各种互相冲突且情感强烈的性观念处于"文化战争"的核心,主导了我们的公共生活,塑造着诸多道德领袖的形象。亲密关系中围绕着性存在的冲突及其所处的位置,是我们努力理解个人生活时需要关注的关键特征,也是驱动千百万人阅读自助书籍的重要因素。到底是什么使性存在对栖居于不同文化环境中的人们有如此巨大的影响、产生如此难解的疑问?

性是什么？

我们对待性往往太过痴迷，以至于没有精力关注其他东西，甚至没有花时间思考"性是什么，又从何而来？"这类议题。有性繁殖之所以出现在地球生命的进化过程中，是因为两个不同有机体遗传物质的混杂比单一有机体的自我复制的后代更具适应性。我们是多么幸运，进化的变异使有性繁殖的过程更有趣，也使个体更有动力优先把时间花在繁殖过程上。这些变异的核心是生殖器的进化，生殖器密集联结着大量神经末梢，一旦受到刺激，就会产生强烈的快感。

尽管歌词中"鸟儿和蜜蜂"的用法很常见，但没人真正知道鸟儿和蜜蜂的交配过程是什么样子*。等到人类进化时，性已经比单纯的身体交合复杂多了。在身体之外，我们还进化出了非凡的头脑，性活动已经远远不只是躯体反应，还呈现出概念的、情感的、心理的甚至（有些人认为存在的）灵性的维度。人类的性的生理强度需要双方在各个方面处于并行状态，他们的兴奋、快乐、幻想、恐惧、渴望、希望——整个心理生活——都能发挥作用。性行为所需的身体交合有着无穷的变化，这恰巧适用于展现关系中自我和他人的欲望、恐惧、冲突和协商。性体验成为界定自我表征及边界的强有力的组织者，身体的感觉和感官的

---

* *birds and bees*，鸟儿和蜜蜂，也是交配过程的隐喻式表达，父母常常用这一意象向孩子形象地解释"我从哪儿来"这一问题。——译者注

快感勾勒出一个人的皮肤（边界）和轮廓。身体亲密和性亲密的辩证关系揭示并定位了我们与另一半的关系：上、下、内置、环绕、反抗、顺从、控制、崇拜、陶醉，等等。人类的性欲望为情感体验提供了如此庞大的素材，因而已然成为个人和人际表达最亲密的舞台。

对人类来说，身体和头脑是性体验不可分割的两个维度。人们渴望把性体验简单化为把肉体从心理中分离出来，但这永远不会发生。况且，正是肉体活动和心理意义的融合才使性存在充满着意义和复杂性。

粗鲁的性

哈罗德（Harold）之所以来寻求心理治疗的帮助，某种程度上是因为他的妻子再也无法忍受婚姻中的无性状态，他们仅在婚姻早期很短一段时间里有过性生活。和这个时代的大多数人一样，哈罗德的妻子也觉得自己有权享受令她满足的性生活，哈罗德的婚姻因此陷入大麻烦。

哈罗德饱受妻子指责且责任感很强，他深情地爱慕着妻子，想要让她快乐，同时还把满足妻子视作婚姻中的义务，也为自己的无能而羞愧自责。然而，尽管初见时他被妻子吸引，现在却感受不到对她的欲望了。当竭尽全力催促自己和妻子做爱时，他就会阳痿。他自身的性存在被隔离了起来，只以自慰的形式表达。他还会在自慰时沉浸于描述"人尽可夫的荡妇"类色情作品和性幻想中。

哈罗德是家中独子，父母来自不同的种族，一家人居住在伦敦边缘地带的偏僻之处。父母在童年时期都遭受过创伤性的丧失，都认为自己与众不同，也都很容易觉得自己被人忽视、轻蔑，并因此很强调得体的举止、仪表和礼貌。哈罗德的父亲在婚后慢慢染上了酗酒的恶习，母亲则越来越抑郁。面对丈夫的退缩，哈罗德的母亲有时会在家穿着挑逗性的衣服，这似乎也让哈罗德"一饱眼福"。母亲还把大量的注意力投注到哈罗德身上，这让哈罗德开始敏感于母亲的情绪，甚至处在不同房间哈罗德也能感受到母亲的抑郁。青少年时期，哈罗德将越来越多的时间花在和朋友待在一起，他在空间上远远离开了家，内心也从未真正感受到归属感。他非常努力地适应周围的环境，但总觉得自己就像个暂留的外乡人。他回忆说，童年时期唯一快乐的事情是在星空下独自散步或骑自行车，只有在这样的时刻他才能感到真正的自由。

比起和妻子做爱，哈罗德更期待自己完成这个过程的时刻。他发现通向享受和妻子性爱的道路极其困难，就像横亘着一座"巍峨大山"，翻越这座大山需要付出极大努力。阻碍如此巨大，甚至连尝试的念头也被大大压抑了。长期以来，他们的性爱已经与"自然而然的亲密"毫无关系，成了费劲而沉重的负担。

多年的临床工作向我证实了这样一个普世智慧：性存在需要"来电的感觉（chemistry）"。这种来电的感觉不随意志控制，尝试用意志去控制它不过是浪费时间。但对于哈罗德来说——

也对许多在长期关系中的人来说——这种来电的感觉虽然曾经存在过,但现在似乎已经消失了,取而代之的是横亘眼前的那座大山。但是,它是否依然隐匿在大山之后或之下?它还可能活着吗?

精神分析师工作的一个重要部分是激发来访者对自身体验世界的兴趣,并发现也许其体验世界的某些特征成了获得快乐和满足的强大阻碍,而且完全超出了他们的控制、妨害了他们的福祉,但事实上这些特征又是他们自身的主观建构。在荷马的《奥德赛》(*Odyssey*)中,佩内洛普(Penelope)这一角色用一种令人印象深刻的方式展示了神经症式的工作如何构建生活:佩内洛普只有做出一件衣服才能再婚,白天时她不停地编织,这让追求者们觉得她对挑选丈夫一事十分上心。到了晚上,她又会把编织好的部分拆掉,因为她希望失踪的丈夫奥德修斯(Odysseus)最终能平安回家。我们都会花时间"编织又拆解",但和佩内洛普不同,我们倾向于只觉察这些被细心抵消了的"编织工作"的某一面。哈罗德只觉察到自己在努力攀登大山,忽略了自己也在无意识地不停建造大山。

我注意到,一旦他在自己和妻子间建起大山,性欲望的可能性就会消失。即使妻子依然是那个曾经吸引他的人,但他现在能感觉到的只有那座山。我想知道,如果他停下那些辛苦的努力,如果他做得更少一点,会发生些什么。我启发他,除了他无意识地辛苦想象出的那座山,"事实上,那儿并没有山"。我请他考虑一下,既然他在山坡上那么辛勤地劳作,他是否还想那座山存在？

在接下来的那节咨询中，哈罗德报告说他和妻子做了一些性游戏（他正认真致力于心理分析的斜坡，而不是婚姻的斜坡）。随着探索他的体验，我们发现他和妻子做爱时注意力完全集中在妻子的感受、欲望和快乐上。"如果忘掉她的需要，沉浸于自己的感受和快乐，会是什么结果呢？"我询问道。他觉得这是个荒谬的问题，他永远也做不到这样。于是，我请他幻想一下如果在妻子面前专注于自己的快乐会怎么样——光想象也会让他焦虑不安，他觉得这会显得他极其自私、粗鄙、没有爱心、不值得依靠、危险且极端粗野。就像他还是小男孩时，只能在散步或骑自行车时才体验到自己存在的快乐，或者他只允许自己自慰时才体验到快乐——快乐是一种孤独的活动。

我们发现，自慰之所以如此美妙，是因为其独特的特点——它可能比任何其他活动都更没有社会价值。不可能有别人要求他去做这件事，因此他终于能够只为自己去做某事了。要在别人面前保持正派，就要高度敏感于别人的感受；而允许自己享受快乐，则需要一种在他人面前也能保持内心独立的能力——在哈罗德看来这显得非常愚蠢。他只能允许自己在一类人面前沉溺于自己的快乐，即幻想中的那些他能全然控制的女性，她们自身没有任何需求。只有和这类幻想中的他人在一起时，哈罗德才能避免对自身行为粗鄙的批判，避免性存在对他人必然造成的伤害。哈罗德对爱的对象没有欲望，对有欲望的对象没有能力去爱。

为什么性存在会让人觉得粗鄙呢？我们将考虑不同取向的

两种理解：一种是由弗洛伊德整理出来的传统取向，一种是新近的替代取向。第一种取向对人类心理的理解由许多"地层"组合而成，第二种取向由许多"环路"组合而成。

弗洛伊德所谓的人类动物

对弗洛伊德来说，性存在本质上是反社会的。既然我们不可避免地走向了彻底的社会化，那么从根本上、深层上来说，人类既是反社会的生物，也是社会化的生物。

但这种关于人类本性的设想并非始于弗洛伊德。早在柏拉图时代，人类就把自身描绘成混血生物，比如独角兽、斯芬克斯、格里芬*。我们是混合体，既有由肉欲、激情和本能所驱使的低级本性，也有由理性、奉献和灵性所主导的高级本性。

对弗洛伊德来说，借鉴达尔文的理论，我们从进化中的"低级"生命形式上升获得意识、理性和文明道德。然而，我们的进化依然不完整。在身体和心理方面，我们仍然是混合体，仍然位于动物到仙人的半途。高级和低级分层法是一个核心的、不断重复的主题，是一种概念上的标识性特征，弗洛伊德正通过这种方式来理解情感生活中几乎所有重要领域。他著名的结构模型就是生物与文化无意识冲突碰撞后的微型版内在战场：本我（id）是自然本能的深层仓库，超我（superego）是内化的文化表征，自

---

* 斯芬克斯Sphinx，神话故事中的生物，狮身人面；格里芬griffin，神话故事中的生物，狮身鹰首。——译者注

我（ego）则在二者之间进行调停*。

弗洛伊德把性存在（后来又加上了攻击性行为）看作动机性的低级地层，是为所有更高层级心理活动提供能量的原始冲动。人类本性体现为性存在和攻击，而我们一直以来都在尝试转型成更加高级、更加文明的生物。纵观弗洛伊德诸多关于心灵的不同模型和关于人类心理动力的概念化重复工作，总能发现人类本性和所转而成为者之间无可避免的张力。正如他于1916年所说："社会必须承担的最重要的教育任务之一，就是驯服和限制性本能……因为随着性本能的完全爆发，个体的可教育性最终会服务于实用目的。否则，本能就会冲垮每一道堤坝，冲走过往辛苦创建的文明成果。"

尽管近些年弗洛伊德受到了猛烈的抨击，所有反对和质疑都指向古典精神分析理论，但弗洛伊德"人类动物"的设想已具有显著的影响，也或多或少地渗透所有人体验和思考自己身体和性存在的方式。当然，我们还在努力地应对性存在：性天性驱使着我们走向放纵、粗鄙、下流和恣意满足；理想典范和社会规范要求我们正派、自控、守规矩。性就是内在的那只动物，人们根据不同观点可能会激烈地坚持某种看法：性爱本性可能要么得被驯服，要么得被隔离，要么得被解放。

---

* 本我（Id）指心理中天生存在的、动物性的自我（即英文的It），其中包含着性本能、攻击本能等；自我（Ego）指心理中具有理性、意志和主观能动能力等现实功能的自我（即英文中的I）；超我（Superego）指心理中原本不存在、源于自我之外，并超越于现实自我之上的自我（即英文中的I Above），其中包含着道德、自我理想等。——译者注

浪漫有着逐渐降级的倾向，对此最常见的那些理解的关键特征是假定"性存在"处于恶魔般的原始状态。浪漫激情就像人类本身一样，必然也是一种混合的现象，是崇高理想与原始本能的不稳定结合。在这种传统理解中，哈罗德对妻子的爱意和他的性存在本质上是不均衡的。如果要联结爱与性存在，要么付出的爱意得减少，要么性存在得被驯服。

这种设想将人类有机体看作一种多层混合体，下层是原始的本能和生物学，上层是理性和灵性。不过，这个陈旧设想在最近几十年开始面对争议。我们非常习惯于用这种传统的、分层的方式来思考自身，但为了给另一种替代性取向奠定基础，我们还需要考虑一下近来思想观念上的转变，首先是生物因素和社会因素间的关系，其次是自然本身的性质。

当代的"人类动物"

在弗洛伊德时代，人们认为我们内在的动物性和文明性来源于不同渠道（内部和外部），并且分层式地堆积于体验中。过去几十年来，人们认为生物学因素和社会因素（以及语言因素）会彻底相互渗透。正是生物学上的动物天性使我们能够使用语言，形成社会，产生文化。人类从更早期灵长动物进化出的最显著的区分特征，可能就是形成了特定的人类社会关系及文化和语言族群。弗洛伊德过去所认为次要的、外部的影响，现在被视作本性中的必须要素。从这个角度来看，达尔文的观点也和弗洛伊德一样：我们不是先动物后社会化的，我们本来就是深度社会化的动物。

人类会形成关系，会创造并维护语言社区，这是为什么呢？像网一样把人们联结在一起的社群和语言沟通是人类某些分散需求的产物吗？或者说是基本的驱动力？不，答案远不止这些。我们把人类定义为关系型生物，这非常不同于把群居本能或社交本能具体化为一种类似于食物需要或者繁衍需要的具体驱力。

打个比方，人类是呼吸氧气的有机体，但不会被驱动着寻找氧气（除非氧气突然消失了）。呼吸氧气是我们天生就会的，无需尝试，也无需为了其他目的。人类也是会生成语言的生物，在行为主义的兴盛时期，人们假定语言是一种为了某个目的且得到强化后才出现在个体身上的工具化行为。现在，人们通常认为语言是大脑自带的功能，史蒂文·平克（Steven Pinker）因此把语言描述为一种本能。人们天生知道如何说话，好比蜘蛛天生知道如何织网——因为蜘蛛有蜘蛛的大脑，而蜘蛛的大脑给了蜘蛛织网的冲动和能力。

对于如何解释进化适应性或千万年前语言能力的发展，存在着诸多有争议的理论。但平克认为，蜘蛛幼年时就开始织网不是因为饿了，也不是直觉发现织网是生存的基础，而是这本就是它被"设计"要做的事。同样，人类婴儿发出声音最终产生语言，不是为了某个工具性的目的，而是因为他们有着人类大脑——语言本就是人类在进化过程中被"设计"要做的事。

人类从婴儿开始就会寻找其他人类心智进行交流，这不是为了满足某种离散的需要，而是因为神经联结使我们天生就会对人类面孔做出视觉回应，对人类气味做出嗅觉回应，对人类声音做出听觉回应，对人类符号做出符号学回应。我们刚刚开始认识到在许多方面，自己被"设计"成会为其他人类互动所吸引，而如果希望婴儿能够使用大脑并长成特定意义的人类，即拥有特定的人类心理和语言，那么这些互动就是必须的。

因此，我们并不是从一开始就成为受到社会约束的有性生物。开始时我们是身体/社会的生物，且从深层意义上来说，我们的性存在是深度的文化现象，正如它也是深度的生理现象。人类的性存在产生于关系和语言的背景之中。从行为上来说，性活动能够与他人发生，也能够在只有自己时发生。但是从心理上来说，性存在的意义源自社会结构、人际关系形式和语言类别。

例如，对一些人来说，相互之间的性唤起是想象范围内最亲密的活动。然而，对哈罗德来说，性快感必然意味着一种完全消除自己对他人觉察后的自我陶醉——相互之间的性唤起是无法想象的。还有很多其他的可能，相同的行为或生理事件（触摸、唤起、高潮）在不同人的心理上有着不同的意义，而且往往差异巨大。对一些人来说，高潮是一种幸福的超然体验；对另一些人来说，高潮则是一种令人震惊和害怕的自我瓦解。弗洛伊德和他同时代的人假设，任何一个具体的个体能知道性对他而言是什么，是因为性是预先设定的动物本能。现代人则永远无法假设任何一个个体知道性对他而言是什么，是因为性只有在特定的社会和语言背景下才会变成人类的性存在，是这些背景创造了性的意义。

传统观点认为心理是分层的,这种观点源于假定性存在是一种魔鬼般的情感表达方式,是前人类祖先的种系遗传,并且至今依然完好无损,成为内在一种不受意志控制的自主力量。但我们越来越意识到,身体和文化创造是彻底相互穿透的——它们既赋予了彼此活力,也制约了彼此。没有不受社会和语言塑造影响的性存在、攻击或其他身体体验。而且反过来说,我们是会把所有体验到的社会与语言影响都体现在身体上的生物,我们的身体有特定的人类部分和形态。

在那些解读"心理和身体是统一整体"这一观念的绘画中,埃舍尔(M.C.Escher)的《互绘的手》(*Drawing Hands*)是最有影响力的作品之一。它描绘了两只手相互绘制:身体产生想象力,想象力转而影响身体,而身体又会塑造这些想象(body generates imagination generates body generates imagination)。

自然的本质

近来,人们才似乎能较清楚地知道自然是什么。自然是人类尚未触及的世界,是人类文化边缘外的世界,是被我们改变之前它所保持原样的世界。而性存在正是驻留我们内心深处的自然。

然而,我们已经开始意识到自身关于"自然"的观念是如何被社会所建构的。自然是一个"血淋淋的尖牙利爪"或和谐花园,自然人是蛮夷或淳朴乡民。哪种对自然的描述才是正确的呢?

这很大程度上取决于是谁在回想自然——在什么历史时期，什么文化背景，出于什么目的。动物展览与动物园都是与城市化同时出现的事物，我们也一直把"蛮荒"观念看作与当前文明状态的对比和反面形象。语言分析学表明，尽管"自然"一词的内涵很简单，但它"可能是语言（英语）中最复杂的词"。

人类体验到的"自然"和"养育"都有其神经联结的基础，有了这些的神经联结人类才能开始生活。但我们可以肯定的是，在人类神经联结的形成过程中，"自然"至少是先于"养育"的，甚至是在经验和文化改变自然之前。"自然"及"养育"这样的二分法一直以来主导着西方哲学和心理学，然而这个观点受到了神经生理学领域最新进展的巨大挑战。"生物"相对于"文化"，"自然"相对于"养育"，这些人类体验的分层模型都基于这样的假设：人类的生物部分像是一个内置的、完整的安装包，生物学层面上的神经联结在出生时就已经完成了，为文化带来二次形成作用做好了准备。人类体验的基层结构在妊娠期间建立，而文化体验则被铺设到第二层结构。

有些神经联结将会变成内在体验的生物部分，也就是基层结构。但事实证明，新生儿并不具备这些神经联结中的大部分内容，它们是在生命最初几年内铺设完成的，并且需要具备生存所必须的社会、语言、家庭和人际关系养育环境。现在我们知道，新生儿的大脑只有一部分是发育好的，出生时的神经细胞和神经通路都不完整——它们在相当大的程度上是由婴儿与他人相处的体验塑造的。唤起和静息的模式、兴奋和放松的阈值、昼夜的节律——许多类似的特征在过去被理解为纯粹的天生气质或基层结构——现在被理解为在某种程度上由婴儿和照顾者的早期互动塑造。我们已经开始认识到，早年经验会产生重大而持续的影响，文化会成为身体中神经系统的一部分。在生命早期神经通路的建立过程中，生物与文化、自然与养育，并未构成互相分离的分层或等级，而是相互渗透。

"人类性存在是动物性存在的翻版，它是一种索求无度、自动唤起的推进力量"，这个观点流传了好几个世纪。弗洛伊德的力比多理论是对这种概念最全面的发展，他认为性存在在原始状态下是贪婪而不加区分的。我们现在知道，动物性存在是显著变化的，并不由其内在持续驱动。许多动物性存在有着明显的阶段性（存在发情周期）和情境性（只对特定刺激做出反应）。在我了解的动物中——包括和我们基因最接近的灵长类动物——没有一种能够像人类这样痴迷于性，哪怕接近的也没有。

"浪漫起源于性存在的原始特性，因而从中衍生出了固有的精致和不稳定特征"，这种传统观点也已经存在了几十年，并且在审美和道德上是令人满意的。这种观点通过把性存在定位成一个动物先祖强加的、我们不想要的遗产，帮助人类部分地否认了通常不喜欢的自我。我们给自然赋予人格，从而放置自己难以承受的体验。我们把人类性存在中令人不安的部分划分出来，并创造了动物性存在和自然的拟人化形象。由此，我们推论出这种原始的力量，这种我们将之描绘成源自种系遗传的黑暗阴影，我们的问题之源。

但现在，我们不能固守"哈罗德粗鲁的性存在是他内在或社会自我下的部分"了，粗鲁的性存在正是哈罗德本身，或者至少说是他的另一面。它是一种社会建构，就像他骑自行车的情境一样，是由哈罗德和他父母间微妙的互动塑造的，尤其被他自己的身体反应与母亲诱惑行为间的互相作用塑造。母亲的行为让他困惑，他感到挑逗和侵入性，同时又被要求坚守道德和礼貌。我们需要换种方式理解哈罗德心理的分裂特征和被隔离的兴奋感。

从"分层理论"到"奇妙的环路"

在思索人类体验自相矛盾的特性时，我最喜爱的隐喻之一是道格拉斯·R.霍夫施塔特（Douglas R.Hofstadter）在那本著名的书籍《哥德尔、埃舍尔、巴赫*：一条永恒不朽的金色穗带》(*Godel, Escher, Bach: An Eternal Golden Braid*) 中描绘的形象——"一个奇妙的环路"。他论证说这个环路是哥德尔数学"不完备定理"的基础，是埃舍尔令人缭乱的视觉图像的基础，也是巴赫赋格

---

* 库尔特·哥德尔（Kurt Gödel），20世纪最具影响力的数学家和逻辑学家之一。
莫里茨·科内利斯·埃舍尔（Maurits Cornelis Escher），荷兰版画家，其版画作品包含了对分形、对称、密铺平面、双曲几何和多面体等数学概念的形象表达。
约翰·塞巴斯蒂安·巴赫（Johann Sebastian Bach），巴洛克时期德国作曲家，其作品对欧洲近代音乐的发展产生了重大影响，故被称为"西方音乐之父"。——译者注

曲*的结构基础。霍夫施塔特解释说："无论何时，若我们在某个等级系统中向上（或向下）移动，奇妙的环路就会出现，我们会意外地发现自己又回到了起点。"例如，在埃舍尔一幅利用几何空间构建视觉错觉的绘画《相对性》（Relativity）上，攀登者一直向上爬，但最终会发现自己再一次回到起点——完成了旅程，同时又重新开始了旅程。

霍夫施塔特认为，人类心理最具决定性的特征是一种特别的奇妙环路，这种环路中存在着"层与层间的交互作用，最顶层会向下延伸到最底层，并且影响它。与此同时，顶层自身又由底层所决定。"在人类心理中，大脑的物质基础，也就是"硬件（hardware）"，产生了心理过程。而"软件（software）"则循环着改变大脑中的"硬件"——"软件"生成了不同的程序或过程，这些程序或过程又反过来改变了大脑，这是一个持续的循环。我们之所以能体验到愤怒、焦虑和性兴奋这样的情绪，只因为我们有产生这些情绪的神经通路。同时，这些情绪本身也会生成大脑相应的状态以及影响神经通路和功能的化学物质。我们之所以能够制订人生计划，是因为我们有使这些认知计划成为可能的神经通路，这些计划本身（锻炼、药物、冥想）又会影响神经通路和神经功能，影响未来可能制订的各种计划。用霍夫施塔特指代人工智能世界的语言来说，我们就是自我编程的计算机。

传统观点把生物与文化、自然与养育看作人类体验中分离

---

* 赋格曲，盛行于巴洛克时期的一种复调音乐体裁。——译者注

的、分层的组成部分,更加现代的观点则认为它们是互相渗透的,霍夫施塔特的"奇妙环路"有助于我们形象化地理解这种观点转变。身体状态会导致心理状态,心理状态又会影响大脑中的化学物质。作为一种生物,进化使文化和语言的发展成为可能,反过来,文化和语言又生成了躯体所体验到的各种观念和隐喻。事实上,这些体验躯体的方式也会改变躯体本身。语言和文化的精密性已经从物质存在中浮现出来,它把性存在隐喻成野蛮的野兽,隐喻为一种推进力量,解释了人类性存在中强烈的、冲突的、不安的方面。反过来说,这种隐喻又成为几个世纪来人们(比如哈罗德)体验与对待自己躯体和性存在的重要塑造者。

在发展出"生物和文化相互渗透"这一理解的过程中,那种现在看来似乎过时(甚至几乎算得上离奇)的观念是一个牺牲品,即存在某种前文化的人类性存在。在语言、社会结构和个人想象力能够将性存在转化为我们现在所体验到的形式前,很难想象要如何把性存在隔离进一种纯粹的、自然的状态中。这并没有减少生物因素的重要性,也没有减少进化长河中那些塑造了性存在方式的重要性,但生物因素是在和文化现象密不可分的结合中运作的。

想象一下旋涡形成过程中两股彼此交汇的水流,在它们相遇前,我们有可能把每条水流中的水单独隔离区分出来。但在相遇后,两者就彼此融合在了一起。如果这时从旋涡中舀出一杯水,我们不可能分清它来自哪条水流。"自然"和"养育"以类似的方式运作,在人类体验中它们并不以纯粹的形式出现,也很难彼此区分。它们是两股完全交融的水流。传统观点将浪漫的脆弱倾向和降级倾向归因于不受约束的性存在的贪婪特点，但这种传统观点变得不再可信。我们找不到纯粹的、未经建构的性存在。什么使性存在具有这样的不稳定性？也许另一个疯狂的环路可以提供更多启示：这个环路包含了人类作为个体生物和人际生物的双重存在特征。

自我与他人

自我从与他人的关系中浮现而出，并浸泡其中。然而，（在西方文化中）众多由自身体验组织成的自我感觉起来像有许多与众不同且不可侵犯的内在，也有诸多部分可融合部分不可融合的边界。在个人与关系之间、"合一性"与"二重性"之间*，存在着一种紧张的关系。而性存在及它与浪漫的关系之所以非常复杂，在很大程度上源于这一紧张关系的深层意义。

生物和文化间的奇妙环路通常被描述成垂直状态——低层级产生了高层级，高层级又循环回去改变了低层级。但让我们想象一个水平的奇妙环路，把它作为一种概念工具来思考"合一性"与"二重性"、个人与关系、自我与他人，或许可以说最初我们正是在关系的、社会的、语言的矩阵中发现了自我，或如海德

---

* "合一性（oneness）"意为两种不同的事物结合在一起；"二重性（twoness）"意为同一个事物具有两种不同的面向或者包含着两个不同的成分。——译者注

格尔（Heidegger）生动的表述那样"是被'抛掷进'其中的"。正是在这个矩阵中，个体在主观上体验到了内在的空间，个体心理得以形成和沉淀。一开始，主观空间是一种关系领域的微观世界，人际关系是内化的，并转变成一种与众不同的个人体验。个人体验也被调节和转变，生成新的内在人际关系模式，而这些内在模式又能改变宏观世界的交往模式。人际关系过程产生私密的内在过程，进而重新塑造了外在人际关系模式，而外界关系模式将再度重塑内在心理过程。这样的循环持续不断，形成一个自我推进的奇妙环路，一个无穷无尽、无止无休的莫比乌斯带（Mobius Strip），一直不断重新生成和转变着自身与对方。

性（和死亡）无疑是最私密的体验之一。然而，对许多人来说，只有在与他人身体互相交融的过程中才有可能获得最强烈的性体验形式。这种身体互相交融是幻想中的、感受中的，也是行动中的。在所有的人类体验领域中，没有哪个领域比性存在更能让人感受到个人和社会间既融合又紧张的态势。

传统的心理分层模型有助于解释性存在中的冒险和风险。性揭露了人类"低级的"、像野兽般野蛮的那一层，也挑战了社会对于正派作风的标准。但是，正如我们将会看到的，性存在的真正冒险和风险源自它给自我和他人之间的传统边界带来的破坏。我们在亲密关系中建立和保持正派作风，以促进关系的持续性、安全感和依恋，但身体的状态和快感却难以设定。在性中，那些被认为下流且带来心理危机的并不是我们内心的野兽，而是内心的自我。

性真的那么私密吗？

讽刺的是，在哺乳动物和灵长类动物的进化过程中，生殖器神经末梢的密度被选择性地"设计"为用于增强繁殖冲动，也给性体验带来了内在化状态（interiority，指把注意力主要放在内在体验的状态）和捉摸不定感。性唤起和性满足可以带来强烈的肉体刺激，这种刺激非常有力量，也造就了性的绝对隐私。尽管性是我们最常见的体验之一，但没人知道对其他人来说性是什么。对每个人来说性存在都有高度独特的形式，这些形式也使得性存在在个体的一生历程中都被个性化身体器官的规律性遮蔽了。性作为或多或少标准化的身体器官，被人类的想象力"劫持"并改变。

与格特鲁德·斯坦因*（Gertrude Stein）的"玫瑰"不同，弗洛伊德对人类性存在的探索中影响最持久的一点，是他发现了"性不只是性行为（sex is not sex is not sex）"。正如弗洛伊德的发现，心理性存在不由性事件本身定义。在心理性无能的情况下，性行为或许是可以完成的，但是并没有完整的欲望和满足感。精神分析揭示了性存在从根本上是一种内在化的状态，它对其他人来说是不透明的，而且某种程度上对主体自身也是不透明的。

作为人类的消遣娱乐方式，色情作品流行时间长到令人震

---

* 美国犹太裔著名作家，她有名句"A Rose is a Rose is a Rose is a Rose"，中文大意是"一朵玫瑰是一朵玫瑰是一朵玫瑰是一朵玫瑰"。她用这种方式来强调"事物就是它本身"这一观念。——译者注

惊，这一定程度上肯定源自人们的窥视欲——人们渴望探究性对别人来说是什么样子。但我们也总是一再对色情作品失望，因为不断发现自己永远没法知道性对于别人来说是什么样子。或许这是因为无论性体验有何种强烈程度，都只能从内部感知。在电影《末路狂花》(Thelma & Louise)中，主妇路易丝在家中既受挫又被霸凌。在与一个陌生的小偷发生关系后，她第一次体验到真正的、充满情欲的性爱。她说："我终于知道一切暴躁烦闷都源自何处了。"

用男女间解剖学上的差异来推断其心理差异很容易有失偏颇，但存在主义精神分析随笔作家莱斯利·法伯（Leslie Farber）认为，由于性交需要男性高度勃起，且男性在性高潮后短时间内无法再次勃起，而女性性唤起和性高潮的征兆非常微妙且更容易模拟，导致男性的性不安全感和性嫉妒比女性来得更加深刻。一个人自身的性体验（the first-person experience of sex）对另一个人来说是不可知的，但法伯认为女性比男性更不可知。女性做爱后会感觉已经"拥有"了对方，然而男性永远无法真正地确信这点。女性可以成功伪造性高潮的可能性也增加了男性投注的风险，在电影《当哈利碰上莎莉》(When Harry Met Sally)中，梅格·瑞恩（Meg Ryan）在餐厅里逼真地模仿了性高潮，造就了现代电影史上的经典画面，这真是既滑稽又恐怖。"我想拥有她正在体验的高潮"，她的同伴对服务员说。我们都希望自己能全能般地为自己和伴侣"安排"主观体验，也正是这种男女差异驱动着许多男性反复询问女伴是否高潮——甚至当这句话已经起了反情欲的作用，压抑了情欲原本的真实表达时依旧如此。每个人都渴望了解对方在性经历中感受如何；了解和其他人相比，对方和自己一起时的体验如何；了解那些感官感觉、幻想、无意识的共鸣的微妙内涵是什么。同时，每个人也都知道，自己的性体验或多或少是无法言说、无法证明、私密隐蔽的。

性存在不仅是生理上的反射活动，在某种程度上还是想象力的活动，因此无论是自己还是他人的性存在都永远无法被固定和预测。从这个意义上来说，性体验中总存在一种未知，一种他异性。这种未知既会给人们带来兴奋感，又会带来风险，也部分地造成了性存在潜在的不稳定。但是在长期爱情关系中，这种"知道"常常会扼杀激情——双方都"确信"彼此是可及的、都会深度参与关系，也将一种虚幻的透明和静止叠加到了本质上难以捉摸、变动不定的性存在上。

我们认为性存在是非常个人的、私密的，因为它在我们内心激起了一些感受。世俗对性存在的理解（20世纪早期在弗洛伊德的力比多理论中正式形成）最具决定性的特征之一，是认为性存在是一种源于内在生理组织的内源性推动力。我们的身体需要摄取营养和排出废物，这种本能欲望会随着时间推移而增加，直到获得满足。许多人认为性也是如此。为了生存，进化设计了性和攻击本能，因而源自这些需求的本能欲望会从内部推动着我们。人们相信，时间会增强这些需求，而本能欲望会不断增加，直到获得满足。弗洛伊德认为，随着性驱力（以及攻击驱力）不断累积，我们会寻求让自己获得满足的对象。当然，并不是所有对象都能

2．性存在的奇妙环路

带来满足，特定的力比多对象和攻击欲对象通过早年相关体验和驱力满足关联到了一起。按照这种思路，性就像饥饿一样由内部的推动开始，随之产生一种紧张状态，让人寻求特定对象来释放。

但这当然不是故事的全部。他人有着不仅能满足还能激起性欲望的强大力量，能够通过几乎所有感官感受来使人兴奋起来——传统的诸如触摸和注视，新兴的诸如声音和气味（好比近来对信息素的研究）。随着性欲望的逐渐增强，性会成为一种来自内部的强大推动力，神经联结也使我们会对他人的刺激做出敏锐反应。弗洛伊德认为，在缺乏性唤起对象的情况下，许多性欲望是自发产生的，这当然没错。但我们也需要更仔细地观察，才能发现那些看起来自动喷发的欲望到底是由身体还是自我产生的。近年来，精神分析对人类主观性的探索已经使我们注意到那些通过意识和无意识幻想以更新自己体验的方式。

我们不会每天醒来就面对一个崭新的世界，我们能预期今天的世界依旧由昨天的元素组成，我们期望找到同样的诱惑、同样的危险、同样的奖赏，以及同样的失望。外部世界部分上是内在世界和内在人物的想象性再创造，而内心不断重建的那些人物会继续拴定、抚慰、挑战、威胁、激怒、唤起、满足和折磨我们。自我与他人的羁绊如此之深，以至于在意识和无意识的层面上，我们最私密、最内在的体验都与那些隐含的他人牵连着，也都被他们塑造着。

当苏珊（见第一章）体验到对爱人的渴望时，这种渴望并不仅仅像气泡一样从身体中冒出来，还从她所构建和维持的主观世界中浮现，核心是她对温暖体贴的丈夫既安全又麻木的依恋。当哈罗德发现自己沉浸在色情白日梦时，他的兴奋感也浮现自巨大的"责任之山"般的主观世界，他用这些责任来促成自己对妻子的依恋。因此，当更深入地进入自我的私密之处、进到内在化状态的隐蔽之所，我们会发现自己正面对着奇妙的环路，面对着一种他异性的过剩。

他人是否真的如我们的设想一样

自我与他人间辩证关系的第二方面是激发情欲的那个方面吗？哲学家称之为"他异性*"的诱惑又是什么？诗人、哲学家和精神分析理论家认识到性激情的核心特征是超越自我，超越自己体验中那些熟悉的边界——一种触及另一个人也被另一个人触及的感觉，一种"穿透"另一个人也被另一个人"穿透"的感觉。但是显然不是任何一个"非我"都可以成为这"另一个人"，每个人都偏好某种或某些"类型"——刚好能带给自己"来电感"的独特的他异性形式。

他异性和同一性是对立的。对立好像意味着事物彼此毫不相干，但对立面间其实有着很深的联系——它们通常隐含着彼此，从某种意义上说它们相互塑造了彼此。光明以黑暗为前提，反之亦然；"向上"以"向下"为前提，反之亦然。许多基本概念

---

* 原文为"alterity"，他异性，和otherness是同一意义的哲学术语。——译者注

是被其对立面隐晦地定义的,这种定义如此的精确,以至于只有在作为对比和互补概念出现时才有意义,就好比阴阳这个概念。我们从陷入爱河的伴侣身上所寻求的那些他异性大多以这种方式运作,我们也从中发现了兴奋感的由来。对立面往往是互相吸引的,这种吸引是因为二者是彼此的反面版本,是以不同形式存在的相同的事物。按照这种方式来思考,他异性或许可以重新定义。对于自我来说,他异性并不是真正陌生的东西,而是自我中被压制、截断、驳回的那些部分(荣格将自我这些被否认的特征称为"阴影")。"自我"的定义与"非我"的关联如此紧密,因而那种点燃了情欲激情的他异性可能会被认为是自我的另一种形式或镜像。

那些带有传统性别内涵又立场鲜明的两极概念通常是激情的核心:冷酷/和蔼、强势/顺从、独立/依赖、坚韧/柔软,等等。但是,还有许多其他类型的对比概念以复杂的方式存在于伴侣之间,这反映了互补的同一类型镜像:优雅/粗俗,有教养/愚昧,华丽/朴素,开朗/拘束,等等。对方身上的他异性对我们的诱惑可能不如对方提供的机会——一个在安全距离内和自我被否认面相接触的机会。许多浪漫关系中普遍存在的无益之处,源自同一性伪装成他异性的方式。我们相信自己正在逃避自我,正在修正过去;我们选择那些能共谋未来自由行动的人做伴侣,宣称他们是全然不同的——但事实上他们并没有不同。

我们都有一种倾向,即坚持不懈地重复自己的痛苦。在爱情中,我们开始每段新关系时,都会将它当成前段关系问题的解药，而每段新关系最后又都会变成另一个过往关系，这个重复实在令人气馁。有时，人们会把这归因于无意识在定位童年神秘莫测的俄狄浦斯客体过程。如果某个男性害怕母亲身上的某些特征，就会设法找一个看起来与母亲相反的女性，但实际上这个女性也是母亲的复制品；如果某个女性理想化父母中的一方，并鄙视另一方，她就会设法找到一个看起来拥有她所向往的父亲或母亲一方特征的男性。同样，随着时间推移，这个男性恰恰会显现出她所鄙视的那些特征。

  这一切其实并没有那么神秘莫测。许多关系中最具讽刺意味的是对方表现出的某个特征促使我们选择对方，但在对方自己的心理经济*中，这个特征通常是用来防御它的相反面的。看起来非常稳重的人，也许一直在防御内心的混乱和冲动；看起来很活泼的人，也许一直在防御潜在的抑郁；有着崇高道德价值观的人，也许一直在防御内心对悖德的隐秘迷恋。性感耀眼的人，也许一直在掩盖一种深深的死亡感和损伤感，等待着某人为自己注入生命的活力。我们会选择他人的他异性作为自己过往关系的解药，会选择看起来和自己很互补的他人，但这恰巧通常隐藏着自己一直希望逃避的特征。当我们全身心地去爱一个人，那么我们会发现爱恋的将不只是那个人本身，还有和对方在一起时的自己——我是谁，我将成为谁。

---

* 原文为"psychic economy"，指心理遵循经济的原则，即心理总是遵循"通过最低能量消耗的方式来解决困难"这个原则。——译者注

2. 性存在的奇妙环路

对哈罗德来说，在自我/他者*的奇妙环路上，性处于什么位置呢？另一个人是那么需要他，这让他难以想象在和她亲热的过程中"屈服于"自己的快乐，他觉得这是一种非常粗鲁、粗鄙和冷酷的剥削。那么，又是谁将阴影如此强有力地投掷到哈罗德的存在上呢？谁是这个"他者"？最初，这个"他者"是哈罗德的母亲，或者更确切地说，是他作为小男孩时所体验到的母亲，他体验到了母亲的过度关注和所有其他问题。这个最初的"他者"一直留驻在他内心，成为一种内部的存在。成年后，他对新的"他者"（比如妻子）的体验，会极大地受到他与母亲早期依恋的影响。现在，哈罗德在自我和他人的回路中会根据自己内部需求构建对妻子的体验，但他仍坚信自己需要尽职尽责地服务好设想出来的强大他者（母亲）〔原文为 (m) other〕。童年时对母亲的体验留驻在哈罗德的内在世界，并成为一个提供安全感的存在，妻子则是这个（内部）存在的外部复制品。在与他人的隔绝中，哈罗德寻找着孤独的快乐，但其实他并不真的是孤单一人——他会幻想一个有众多唾手可得、易受控制的女性的世界，幻想一个包容的宇宙。只有在这种幻想或自我和他者的环路中，他才能允许自己暴露并臣服于私密的性兴奋。

---

* "other"在本书中有两种内涵，其一是日常用法，指现实中的另一个人，本书译为"他人"或"另一个人"；其二在本书中常以"self and other""the other"或"self/other"的形式出现。此种情况下，指的是一种心理存在，译为"他者"。"他者"是"self/other"这种关系的产物，同时也会影响到现实的关系。——译者注

臣服和控制

臣服感是浪漫的核心，而自我和他者的奇妙回路——或者也许希望被称为自我/他者——也起到了重要作用。爱情令人陶醉，令人痴迷，我们会把爱的体验描述为"坠入爱河""被点燃"，还有《教父》（*The Godfather*）中迈克尔·柯里昂（Michael Corleone）所说的"像被雷电击中"。浓烈的情欲兴奋像是一种源于自我之外的力量，超越了个体自身能调动的力量，这种力量会动摇正常的自我，暗中削弱习以为常的主观能动式自我控制感。"我恋爱了"，"猫王"埃维斯·普里斯利（Elvis Presley）在歌词中写道："我全身都在震颤。"正是臣服的诱惑使激情不可避免的危险起来。激情是不可预测、不请自来的，处于对生活有意志的全能控制之外，而这种控制需要非常大的努力才能维持。

自我与诸多他人（或诸多自我与他人）之间复杂关系的环路，明白地揭示出为什么把性存在主观体验为"野蛮的野兽"是如此普遍。"野蛮的野兽"意味着对他人的非人道漠视，一种为了自身目的而对他人施加的剥削，一种为了自身快乐把他人纯粹地当成动物一样使用（体现在把动物拟人化和浪漫化的过程）。和"那个野兽有时就是自己"相比，"内在住着一个野兽"的认识更舒服。野蛮的野兽意味着摆脱了人格上的束缚，也把他人去人格化；野蛮的野兽也许允诺了一种触及另一个人或把自我从他人要求中释放出来的方式。彼此都像野蛮的野兽，可以使双方在摆脱了人格和社会约束的条件下互相"使用"对方，也提供了浓烈而即刻的情感互动。这也许是人类其他形式的亲密关系——比如舞蹈编排式的互动——所不可能提供的。

法国的小说家和哲学家曾经把性高潮的体验比作死亡（la petite morte）。我一直很难理解这一点，只能把它看作抽象的文学奇想。因为对我来说，感官享受和性高潮更像是强盛的生命，而不是死亡。但色情作品中所描写的死亡可能不被他们认为是生命的损耗，而是结构的损失，这清晰揭示出自我和他人间辩证关系的另一个面向。成为一个人必然需要自我组织，无论自我结构多么丰富多样、多么"真实"或忠实（"true" or authentic），都会排除和缩短体验的许多维度。为了追求简洁和可靠，浓密度和复杂度会被不可避免地牺牲。在区分自我与非自我的过程中，一个网格被叠加到自我与他人复杂的交融上。大量且影响颇深的丧失是个体在发展、成为一个个体的过程中不可避免的特征。这种失去以诸多不同的方式表达出来，也许华兹华斯（Wordsworth）在《死亡的暗示》（*Intimations of Mortality*）中所写的诗意想象影响最大："追随闪亮云彩的童年时光飞逝而去，没有什么能够重现那时草的鲜亮、花的荣光。"病理的和健康的自我发展都会产生丧失，或许还有对心理结构本身的紧绷回归、扩展和解脱的渴望。

浪漫爱情的自我臣服功能也在知名的爱侣身上得到了戏剧性的体现，即莎士比亚的罗密欧。在《罗密欧与朱丽叶》开场时，罗密欧家忧心忡忡的亲戚就在讨论他的相思病，但主角的爱慕对象还不是这时尚未相遇的朱丽叶,而是发誓绝不恋爱的罗莎琳(Rosaline)。在故事的开始,罗密欧写了首抒情诗赞美罗莎琳的极致魅力:"无所不见的太阳啊,自世界诞生以来,从未有过能配得上她的人。"但这首诗作成没多久罗密欧就遇见了朱丽叶,事态瞬息万变:"心之所爱还依旧吗?我发誓要放下她,看!直到今夜,我才见到真正的美人。"这让人不禁怀疑,相比这两位女性,罗密欧更爱的是恋爱的感觉。在悲剧性的结局中,爱侣双方都自我毁灭了——与其说是臣服于某个特定的人,不如说是臣服于无自我(selflessness)本身。

或许可以这样理解,性存在的超越力量恰恰来自其削弱日常心理结构、动摇自我体验的潜力。若卷入强烈的性体验、浪漫体验或者其他体验中,个体就会出现各式各样的臣服和对自我控制的放弃——让自我臣服于另一个人,把主动权交到对方的手中,让自己被唤起、被挫败、被撩拨、被满足。主观的自我控制需求臣服于身体的感觉和过程,臣服于躯体上的意外感受。当沉浸于对方带来的感官感觉和身体韵律中时,潜在的自我就会浮现于幻想中,平常的自我则臣服于这些潜在的自我。

在浪漫爱情中,对方与众不同的他异性变得更加重要,也因而可以把情欲性与不那么复杂随意的性存在区分开。至少在一定程度上,对方被体验为神秘莫测、充满诱惑的——既在那儿又不在那儿。正因为它必然会带来一种"从某个独特的人那里获得某些重要东西"的渴望,强烈的欲望变得如此危险,我们内心已经同意让这个人的地位变得举足轻重。对方的特殊性带来了风险，他或她拥有超出控制的吸引力，因而让人产生了强烈的脆弱感。爱侣不可避免地会想出一系列仿佛着了魔般的策略，希望通过全能幻想来努力重建对对方的控制。

这个连续谱的极端是性变态，它的核心特征是在自己的全能控制下把对方降级为一个物品，因此性行为变成了一个固着而重复的脚本，不可能发生什么新的变化——但所有人都会努力用一种不那么绝对且更微妙的方式来调节欲望带来的风险。我们寻求稳定感、可预测感和可靠感；我们变得依恋他人，希望依恋对象保持稳定，不再改变。而讽刺的是，依恋是情欲的大敌。刺激、难懂、神秘——从童年早期起这些感觉就被父母提供的安全感取代，但又是它们组成了情欲，它们也恰恰是我们想从成年人的日常生活中消除的特征。或者说，从原初的那些关系、从安全的依恋中消除它们。

一般认为，如果幻想者有足够的机会或勇气去面对，其性幻想就揭示了他们真正想做的事情，但往往幻想恰恰表达了幻想者不愿意去做的事情。如果只是自由想象中的幻想，某些性活动会令人兴奋；如果实际发生，则会变得令人厌恶。我们把幻想限制在陌生人中，假装自己只有和他们在一起才会做幻想中的事情。这是因为把各种各样冲突的欲望和幻想带入与所依赖之人的实际关系，会让它更加困难、更加危险。

另一个他者

除非对方主动发起或用明显放纵的方式寻求性活动，否则有些人很难允许自己被唤起。就像所有强烈的情绪一样，性唤起是有传染性的，而彼此的兴奋感也会交互激发。通常还有另一个因素在起作用——强烈的性兴奋让有些人感觉自己太矛盾、肮脏、粗鲁或有攻击性，以至于不愿意让自己在别人面前表现出来，尤其是在爱恋和尊敬的人面前。所以，他们需要对方主动，或者对方用即刻而确定的信号回应自己，向自己保证性是可以接受的。在极端案例中，只有另一种类型的人才能使他们产生性唤起：女性只会被粗野、挑衅、危险的男性吸引，或许还需要对方表现得像个犯罪分子；男性只会被淫荡、诱惑的女性吸引，或许还需要对方公开而清晰地赞同性活动。有了这些前提条件他们才能允许自己去感受欲望。

乔治（Geroge）结婚十年了，婚姻给他带来了巨大的苦恼，也让他转而寻求心理治疗的帮助。尽管很爱妻子和年幼的孩子，但他开始认识到妻子有着让自己无法承受的控制欲，他感觉自己好像陷进像幽闭恐惧症一样的困境中。妻子总是提出各种各样的要求，比如乔治若不能准时回家吃晚饭，就得打电话告诉她一声，这让乔治觉得难以忍受，觉得被逼迫，越来越想和其他女性私通，对妻子的不满也越来越深。

最终，乔治有些尴尬地透露，他做过的最激烈的性冒险是定期和几位女性约会，对方会扮演施虐者的角色。在这些性邂逅中，他会把主动权完全交到对方手中——她可以对他发号施令，把他捆绑起来，想做什么就做什么。他会乞求对方的仁慈，祈求被释放，但这些祈求无济于事。尽管过程中很少有生殖器接触或性高潮，但乔治仍觉得这样非常刺激。我对乔治这个古怪又讽刺的状况很是震惊，妻子合理的要求让乔治觉得受到压迫，很不舒服，但他又把自己置于陌生人的控制之下。乔治解释说，这种控制只是一个夸张的虚构情境，他们会设定一个安全词*。他会在过程中乞求对方的仁慈，但那不是真的在"祈求"，除非他说出了安全词——这出戏才会立刻停止。他才是真正拥有控制权的人，也正是这种彻底的控制权让他能假装是对方在掌控一切。

我们逐渐开始理解这一切，乔治抱怨的（妻子的）控制其实也是他渴望的，只是害怕自己会屈服于它。事实上，乔治非常依赖妻子，所以即使像打个电话这样的微小"让步"对他来说也显得过于危险。他只能让自己在一个精心设计的剧本中臣服于毫无利害关系的他人。很久之后，我问他如何确定施虐者会遵守安全词——当然一方面有经济力量这样的背景因素存在——他发觉这其中似乎包含着信仰的飞跃，但他谨慎地不让自己注意到这点。甚至经济上的主动性也是复杂的，欲望总存在风险的。与幻想相反，事实上的控制很难实现。他相信事实上一切尽在掌控之中，同时又想象着自己在对方的控制之下；从另一个角度来

---

* 指事先商定的当任何一方需要暂停时发出的暗号。——译者注

看，事实上他处于对方控制之下，但为了能够假装没有臣服，他又想象一切尽在掌控之中。人类的关系围绕着复杂的相互依赖建立，带来控制感和可预测感的情形往往都具有这种"套娃"般的特征。

臣服于对方的力量来获得性唤起和性满足对乔治来说是可怕的。妻子在许多方面对乔治都很重要，因此他也依赖着她；同时，他又不断地让她的期望落空，想象自己在妻子的控制之外放肆，只有这样才能够感到安全。至于陌生的施虐者，乔治在她的帮助下建构了一个自己可以完全控制对方的幻想，如此一来他才能在对方的彻底控制中臣服于自己的兴奋感。

维罗妮卡（Veronica）40岁出头，风韵犹存。她认为自己开放的性经历会给婚姻带来威胁，因而前来寻求治疗。她在亚特兰大长大，是家中的五个孩子之一。她爸爸是个警察队长，性格强硬，会大张旗鼓地"拈花惹草"，还有虐待倾向；妈妈长期备受折磨，情绪抑郁。维罗妮卡的爸爸严厉地管教着整个家庭，对女儿们尤其控制。他警告她们不要和男性有任何越界的来往，但维罗妮卡和她的姐妹们一同筹划性冒险，并合作编造复杂的故事来掩盖自己与男性的来往，也变得很擅长这样做。她的爸爸会分别审问孩子们，看看她们的说法是否相互印证。这让她们觉得性爱像是一种极端刺激、危险和具有破坏力的活动，只有父亲才有资格做。

成年后，维罗妮卡总被那些家境富有、生活节奏快的男性吸引，她认为他们很有力量，也很难抗拒不去引诱对方。然而，在性爱过程中，她只有在自己编造的幻想中才能唤起，即和爱人在一起的不是自己，而是一个陌生女性。她想象中的那个女性会让男性极度兴奋，欲罢不能。在过往关系中，一旦有了爱人性兴趣减弱的担忧，她就会给爱人安排性陪护服务，让其他女性来演出这个剧本。

维罗妮卡爱她的丈夫，她认为丈夫对自己的激情会不可避免地减弱，她很害怕这点，也害怕自己想去寻找和挑逗更有权势的男性的强迫冲动。童年时代对父亲强烈的矛盾心理，似乎使她丧失了找到和拥有快乐的能力，她的快乐永远受到男性的"劫持"，她需要不断地唤起、满足又拒绝对方的欲望。

重复的全能幻想常常使自我与他人（self-with-other）成为特定的联结，这将带来真实（不可控）世界中自我和/或他人毁灭的风险。对维罗妮卡来说，她最私密的快乐已经被侵入性的父亲"捕获并束缚"了。她寻找男性，让他们兴奋满足，是因为希望自己快乐的权利最终会被还回来。对方是她内心中绑架者的又一个版本，她想象着成为那些（替代自己的）女性或者给她们支付费用，通过这样的方式暂时释放渴望解放的那部分自我。

激情的滑坡

浪漫的降级是性存在原始本性的结果——我们一直在反复思考这个常见的解释。正如耶茨（Yeast）在《疯狂的简组诗》（*Crazy Jane Poems*）中的描述"如果爱情把宅邸搭建在厕所"，那么浪漫的座席就总是摇摇晃晃，处在滑入淤泥的危险中。我们必须不断寻找更坚实的土地，建造更稳固的住房。但是，如果事实是"性存在是原始的"，这种解释就需要修订。"性存在是原始的"源自个体内在难以容纳和他人相处时自我体验中那些各种各样、相互对立的面向，也是这种困难的产物。

爱意和欲望如果难以维系在同一个关系中，并不是因为它们产生自不同的种系遗传水平。爱意和欲望都是完全属于人类的，困难在于它们引导着我们走向了完全不同的目标。爱意寻求控制、稳定、持续和确定；欲望寻求臣服、冒险、新奇和未知。在爱意中，我们寻找着依恋的对象、锚定的根桩，寻找着确信能够依靠的臂膀。在欲望中，我们既在寻找遗失的、被否认的自我碎片，也在寻求超越自身的事物，寻求突破自我认知的边界。而在通常情况下，我们会非常"凶猛"地保护自我认知。

情欲激情会动摇人的自我意识。当我们发现某个人会强烈地唤起自己陌生的自我体验并使之成为可能，发现这个人唤起了令人着迷的他异性，我们就会迷失在自我/他者的环路中。我们希望控制这些体验以及控制激发这些体验的人，因此情感联结倾向于降级成一种策略，一种为了安全感而扼杀欲望的策略；性兴奋则倾向于降级成所有性欲倒错都包含的元素——崩溃的期望和全能控制感，而这抹杀了爱意存在的可能性。随着时间推移，我们会不可避免地想努力把同一段关系中那些令人感动却又不安的体验置于控制之下。如果希望维持浪漫中的不稳定张力，重获浪漫的状态，我们需要努力抵制这些冲动。情欲组成了性存在的奇妙回路，根据情欲的辩证逻辑，当我们踏上了通往他人他异性的旅程，往往就会惊讶于自身的未知特征。对于内在化状态和自我无法言说的隐私的探索，通常使我们惊讶于他人的存在。

3

理想化、幻想和幻象

> 逃不开的浪漫，
> 躲不开的梦幻抉择，
> 幻灭成为最后的幻象，
> 现实是脑海中呈现的景象，
> 不是如何存在，而是如何理解。
>
> ——华莱士·史蒂文斯（Wallace Stevens）

30年前，当我在本科阶段学习变态心理学时，有一条可以用好记的谚语表达的首要原则：神经症患者在白日梦里幻想着天空中有座沙子做的城堡，而精神病人却以为自己住在其中。这句话反映了三种心理状态：神经症患者的幻想世界、精神病人的妄想世界，以及说话者所在的现实世界。说这句话的人大概率既非神经症患者，也非精神病人，他或她处于这个唯一、坚实而可靠的现实世界。

在当代生活旋涡中，这些心理状态领域不再互相分离、清晰区别。我们正在尝试理解文化生活各个层级全新而复杂的现状：从网络聊天室与多用户领域中的虚拟现实，到像动画片《辛普森一家》(*the Simpsons*)或《南方公园》(*South Park*)里愤世嫉俗的卡通人物——有时角色间的对话似乎更像是清醒的现实，再到朋克文化，以及诠释学、建构主义和后现代主义的认识论革命。现在的人们是如何看待幻想、妄想和现实的呢？我们该如何从正常和病理的角度理解它们在情感生活中的地位呢？

如果性存在产生了驱动浪漫爱情的能量，那么理想化就提供了指南针，组织和引导着情感付出。形成浪漫爱情中的迷恋的一个关键因素是"欲望对象不是普通人"，而是特别的、唯一的"命中注定"。根据普世观念中对爱情的认识，浪漫爱情像有某种"魔力"，心灵着了迷，头脑满是激情，平凡而可预期的现实变得超越凡俗，神圣崇敬占据了全部思绪。浪漫是一种能改变个体意识的状态，就像把单调的颜色变得色彩斑斓。

因此，理想化是浪漫爱情的核心，是"魔力"的源泉，也是它脆弱易碎的重要根源之一。理想很容易破灭，于是乎魔法消失、戏法暴露。共度完狂喜之夜，罗密欧和朱丽叶就开始畏惧"阳光"（朱丽叶绝望地把在清晨唱歌的云雀误以为夜莺）。如果浪漫是建立于理想化幻象上的偶然，那么它只会如风飞逝般短暂，或者是庄重但违心的欺骗。在普通人眼中，"堕入爱河"的核心是强烈的理想化，这种理想化是退行的、孩子气的、盘旋着幻想的。浪漫随着时间消散，彼此间的日益熟悉带来了更现实、更难掩瑕疵的观点，就像刺眼的朝阳驱散了朦胧的月光。最好的状况似乎

3. 理想化、幻想和幻象

是将痴心的迷恋转变为清醒的"喜欢"。

凯茜（Cathy）40多岁，结婚12年。她长期对丈夫心怀怨憎，并与丈夫刻意保持着距离。可是她近来几天晚上竟会对丈夫产生短暂的兴趣，这让她觉得很不舒服——虽然在最初交往的那几个月里这种兴趣会让她很高兴。凯茜有童年创伤和被遗弃的经历，有时她也会感受到丈夫的背叛和抛弃，并为此非常失望，这让她对最近重现的兴趣有些矛盾。她相信，这种兴趣与她早期对丈夫的幻想有关（后来逐渐觉得这些幻想愚昧又不切实际）。她觉得自己现在明智多了，如果继续允许自己体验和培养这种兴趣，就可能会软化内心对丈夫的态度。这相当于原谅他，原谅过去对他的那些失望，放弃让他做出补偿，也放弃让他对未来做出保证——她决不会这么做。

凯茜的爱情就像常见的浪漫爱情一样，因理想化而迸发火花。丈夫曾经是独一无二的那个人，但她后来才发现他太普通了。这些浪漫幻想起源何处？"独一无二"的信念如何才能经受住时间的考验？

弗洛伊德：自恋与理想化

弗洛伊德用他特有的敏锐思想清晰地阐明了浪漫与理想化，就像打开了一扇审视世俗理解中浪漫爱情本质的窗户，让我们可以一览其中所包含的内在逻辑和前提假设。弗洛伊德将理想化定义为某种"高估"。事物有其本身的属性，有某种客观的价值。当理想化某个事物时，比如某个人、某个品质、某个观念、某个缘由——我们就赋予了它一种幻想的、超出其常规意义上应该具备的价值。理想化可以涵盖很多方面，从虔敬的崇拜、自我牺牲式的顺从，到决绝的自我破坏，再到对另一个人"神魂颠倒"的体验。

这种价值高估的倾向从何而来？弗洛伊德设想这起源于新生儿幼稚的心理状态。他猜想婴儿没有理性能力，无法区分内在与外在、自我与他人，只能沉浸在一种自我满足的力比多（libidinal）激情中——世界让我愉悦，我就是世界。弗洛伊德使用术语"原发性自恋（primary narcissism）"来描述这种原初的心理状态，这个词源于希腊神话中爱上了自己的倒影并因此溺水而亡的那喀索斯（Narcissus）。随后，婴儿的注意才逐渐重新转向外部，朝向所赖以获得愉悦和生存的那个人。最终，婴儿的原发性自恋状态开始破裂并消散。只有当婴儿高估那个为自己提供愉悦的人，原发性自恋才能重新转向，并转化为弗洛伊德所说的"客体之爱"*。但是自恋性的"自我之爱"总是成为我们与他人交往遇到波折时的基底，是早已备好的、爱欲撤回后的归宿：谁会像自己一样爱自己，还爱得那么踏实可信呢？

---

* 这里补充精神分析客体关系学派的专业术语"客体（object）"的内涵。客体是存在于一个人内在心理中的结构，是驱力或情感所投注对象的内在表征。这可能是人物形象，比如母亲客体；也可能是人物的一部分，比如乳房客体。客体可以是驱力、情感、防御等作用的对象，可能源自对外部某个事物的内化，也可能在内在幻想、驱力等的作用下建构形成。客体也是一个与自体相对应的概念。——译者注

然而无论目标是哪儿,价值高估总是不安全不稳定的。还记得那喀索斯的遭遇吗?他投身于倒映着自己幻象的黑暗湖水。在弗洛伊德看来,自恋是非常危险的,那喀索斯身上发生的事也可能发生在你我身上。过多的自恋和对自我的过度理想化,会把人拉离现实世界并导致疯狂。但是,由于自恋的总量是有限的,将自恋过多外化给另一个人,即将另一个人作为浪漫的理想化对象也很危险。若把所有的价值都归于他人,对浪漫的渴望会耗尽自我。弗洛伊德认为,沉迷于浪漫爱情是精神病的反转形式;没有响应的爱欲和没有回报的自恋式付出,可能导致自我厌憎和自毁自杀。

大多数情况下,对自我或他人的理想化既不会导致疯狂,也不会导致自杀式的绝望。高估浪漫会产生不稳定的状态,这种状态会在相当短的时间内被更稳定而理性的观点取代,并伴随放松下来的心情。从心理健康的视角来看,对他人的评价最终会像对自己的评价一样恰当合理——魔法解除,迷恋的幻象消散,取而代之的是更清醒、更真实的视角。

埃里希·弗洛姆(Erich Fromm)和其他人指出,弗洛伊德对生活的看法出自19世纪后期欧洲文化的背景,它同时反映了浪漫主义和启蒙运动的思想潮流。弗洛伊德的本能理论及无意识理论很明显地存在着一种浪漫主义式的敏锐情感,即我们都被黑暗、未知的力量驱动。然而,弗洛伊德又深深信奉着启蒙运动的理性原则,这调和着他的浪漫主义张力,认为存在一种正确、理性、科学、没有幻想的理解世界的方式。通过辛苦的工作和训练，基于快乐原则的、由幻想所激发的幻象能够也应该被基于现实原则的客观理解所代替。弗洛伊德深深信奉着客观理性这一启蒙运动理想，这在他关于爱情的思考中表现得最为明显。浪漫是短暂的，因为它根植于理想化上，而理想化脱离了现实，脱离了对自我或他人的理性评估，这是危险的——稳定性取决于精确的评估。

  从所处历史的有利位置来看，弗洛伊德对科学的虔诚和奉献既让人惊讶又像是一种讽刺。弗洛伊德恰逢赶上19世纪后期和20世纪早期科学领域的突飞猛进，它不仅带来了技术和实践上的运用，也被视为一种世界观。和同时代大多数进步知识分子一样，弗洛伊德认为科学是一种能够允许人类看见、掌握和操纵世界的方法论。根据弗洛伊德时代的智慧，西方文化以前居统治地位的世界观是犹太教-基督教传统，这种世界观一直用幻想、神话和幻象解释现实。弗洛伊德和他的同时代人相信，科学驱散了迷雾和神秘，使我们能够客观地看见世界的真实面目。望远镜把遥远的宇宙展现在我们眼前，显微镜使我们能够看见肉眼不可见的物体，X射线使我们了解物体的内部而不需要解剖、分解，精神分析方法使我们能够了解人类心理内在的无意识运作方式。毫无疑问，在20世纪最初几十年里存在着一种普遍的信念，即科学把我们放到了解决所有问题的正确途径上。我们会发现冷静的理性思考不仅指引着自己对物质现实的理解，也指引着自己对伦理和政治的理解。我们使用着这种清除了虚饰与幻想的视角，为各种事物赋予了适当且客观的价值。因此，对弗洛伊德和他同时代的人来说，科学催生出了科学主义——一种对客观主义的虔诚信奉，相信它已经剥除了愿望、幻象以及宗教等所有主观主义痕迹。

但我们现在知道，事情并没有像预想中那样被解决。伴随着技术进步而来的原子能发展和生态灾难催生出了可怕的边缘政策*，这让我们非常清楚地意识到对物质世界的理解与操纵能力和明智地使用这些能力的智慧间存在区别。那么可以从哪儿获得这些智慧呢？对今天许多人来说，赤裸裸的科学主义理性本身似乎也不再那么坚定了。

从我们的角度看，20世纪早期和中期先行者所信奉的科学主义与其说是对理性的表达，不如说是对信仰的表达。弗洛伊德认为，爱情关系能够而且应该剥离理想形象，这样亲密的他人才能被客观而恰当地评价，然而这种信念本身就是一种异乎寻常的、极不可能的理想化观念，正如华莱士·史蒂文斯所指出的："'能够去除幻象'的想法是最后的幻象"。尽管如此，关于浪漫爱情的世俗智慧和引导弗洛伊德的客观主义之间有着共同的基本假设。我们似乎相信，其他人会像自然世界的对象一样被认知，对他人的了解和恰当评价也会随着时间的推移而逐渐积累。我们倾向于认为浪漫激情是一种虚幻的赏识，一种陶醉的状态。我们被教导说，幻想会利用陌生来构建理想的形象，而时光则会带来更清晰的观点，这种完美的理想形象只能随着时间逐渐消退。

---

* 指的是把某种政策运用到安全的边缘，比如美苏冷战期间的核战争策略。——译者注

家庭和唯一性

我们会不假思考地把自身文化假设和自我体验的社会建构看成普通原则,那么如果希望增加看待这些假设的视角,掌握社会建构的意义,最好莫过于置身自身文化与其他文化预设间的冲突——我们也会经常惊讶于这些冲突。奥黛丽·理查兹(Audrey Richards)是一名人类学家,她在20世纪30年代与北罗得西亚(Northern Rhodesia)的本巴族人(the Bemba)一起工作。理查兹博士曾给一群本巴族人讲过一个英国民间传说,内容是"一位年轻的王子攀越了玻璃山,穿过了峡谷,然后与恶龙搏斗,只为牵到心爱的姑娘的手"。这些本巴族人显然被这个故事搞糊涂了,他们面面相觑,直到一位老酋长用一个最简单的问题表达了在场所有人的感受:"为什么不找个别的姑娘呢?"

在西方文化中,唯一性是浪漫激情的核心。情人们相信自己只为彼此而生,巧合的是浪漫爱情中必不可少的唯一感也同样存在于另一种关系中——父母对孩子的爱。亲子关系是当代生活反复出现的意义根源,这并非偶然。激情爱情中的浪漫和父母之爱中的浪漫,以及自我之爱中的浪漫,在从中世纪社会向现代家庭生活转变的过程中一起演化了出来。细致思考它们的共同起源,有助于弄清楚浪漫激情的发展前奏及其精致的内在结构。

根据一些历史学家的说法,"家庭"和"童年"这两个概念在中世纪时还不存在,它们是随着15世纪到17世纪间巨大的社会、经济和政治变化逐渐出现的,这些变化改变了欧洲。听起来这似乎有点费解,因为人们理所当然地认为人类历史一直存在着家庭和孩子,以前的人们似乎也总以我们现在所用的方式构建和体验家庭关系。事实上,个人主义意识刺激和推动了现代西方文化,公共领域和私人领域的鲜明区分也对现代家庭至关重要,这都是在相当晚的历史时期才出现的。

在人类历史早期,婚姻服务于繁衍,服务于生命、财产和血统传承。如今,我们将童年看作人生既珍贵又重要的阶段,但以前的童年期相当于现在的胎儿期——婴儿的高死亡率使人们很难认真对待弱小的幼童,这种态度会一直持续至儿童成功活到某个具备生存能力的年龄(7岁左右,漫长的断奶期结束)。随着婴儿死亡率的显著降低,人们发现童年期是一个非常有意义且值得注意的人生阶段,情感依恋才开始在儿童的人生中扮演核心作用。在这之前,正如菲利普·阿里(Phillipe Ariès)所言:"总体感受是……个体生育很多孩子的原因是其中只有少数几个能够存活。人们觉得孩子的生命很容易消逝,因此不允许自己过分依恋。""那些小小的生命不够可靠,可能会随时消失。"现在,这些小生命开始变得可靠了,也对当代情感生活的结构产生了深远影响。

在人类历史中,浪漫激情一直作为一种可能性存在。我们能在古代文学中找到有关浪漫爱情的故事,但这些爱情往往都是"特殊情况",是传说,是发生在王子和公主身上的。对于或多或少过着普通生活的普通人来说,浪漫是一种期待,伴随着现代家庭的出现而逐渐浮现，也伴随着某些"儿童"观念的创造过程出现——孩子是特殊的，而且自己的孩子又是所有儿童中最特殊的。因此，在亲子之爱中找到对应的浪漫爱情居于核心地位的"唯一性"并非偶然。弗洛伊德借助对俄狄浦斯之谜的解释，把这种亲子之爱归因于儿童受本能驱动的心理。但后来许多弗洛伊德学派精神分析师指出，索福克勒斯（Sophocles）的故事并不开始于俄狄浦斯作为情人和凶手的身份，而是开始于那个被父母谋杀般抛弃了的婴儿。当代理论家开始用早期家庭浪漫关系的变迁来理解成人爱情关系中的病理因素。

心理治疗领域的核心内容之一，也是每一对特定的来访者—治疗师面临的基本挑战，是探索"成年时期的爱与激情"和"童年时期与父母关系中的爱与激情"间的复杂关系。精神分析师每天都会遇到父母对孩子的爱所带来的遗留问题，或者是过多的卷入和刺激、对边界的入侵、对不成熟自体的淹没；或者是过少的卷入、抛弃和缺失了自体成长必须获得的关注；或者是以上两种状态的交替出现。过度和不足的刺激都会导致在生活中出现严重困难。临床工作者经常会看到这些问题，也很容易追本溯源把问题归因为个体的发展过程，所以倾向于想象出一种只会促进成人之爱并且不会给孩子遗留问题的健康的亲子之爱。但也许现实是儿童时期的爱终究会存在一些过度刺激的区域和刺激不足的区域，在某些方向上太过，另一些方向上不及。也许，"刚刚好"只存在于童话故事中。

理想形象和浪漫主义

在17世纪晚期和18世纪早期,启蒙运动已经达到了巅峰,而浪漫主义也作为西方理性主义传统的替代选项逐渐发展起来。根据以赛亚·伯林(Isaiah Berlin)的观点,启蒙运动的世界观根基于下述三条原理:所有的真实问题都会有正确的答案;所有的正确答案都可以被发现,并被教授给他人;所有的答案在原理上都是相容的,"或者可以像拼图游戏一样组合成一个和谐的整体"。但浪漫主义根基于一套恰好对立的信念体系:事物不存在结构;我们依照自己的意愿来塑造事物;它们的存在只是我们塑造活动的结果。这种对立的认识论基础带来了一系列与浪漫主义关联的不同特征及强调重点:感受、激情、理想形象、创造力和想象力。

我们也许可以使用非常宽泛的笔触来描绘过去几百年中理性主义和浪漫主义间辩证的摇摆关系。例如,哈罗德·布鲁姆(Harold Bloom)推断:英国浪漫主义诗歌的内在转向源自信念的幻灭,即通过理性来重新构建外部世界秩序:

> 第一代英国浪漫主义诗歌的创作背景是法国大革命中狂暴的欲望和随之而来的幻灭。布莱克(Blake)和华兹华斯(Wordsworth)使用不同但平行的方式,把他们对人类的希望转化为对男性的希望,这个处于人

类中心位置的男性形象通过革新自我，试图在社会和政治运动已然失败这一确定前提下重新出发。因此，布莱克和华兹华斯的诗歌追随了伟大的先驱弥尔顿（Milton），弥尔顿的主要作品也能看到人们对英格兰万物皆新的渴望转向了对内心乐园（Paradise）的寻求。

浪漫主义诗人原来认为这是一个具有共识性现实的传统世界，渴望做出实践性的政治变革，并在幻灭后转向了一个空想的世界，即从感知转向想象。

是空想家在从失败的现实撤退到幻想中？抑或是远见卓识者正在寻求更根本的现实？是浪漫主义提供了一种从"真实"世界（为启蒙运动理性所理解的）逃离到不真实的虚幻世界的渠道？抑或是浪漫主义开启了进入更深刻体验的大门，也就是体验更加"真实"的底层支柱？一些浪漫主义空想家认为，他们已经穿越了诗人威廉·布莱克（William Blake）所说的"感知之门"。这个概念最开始被奥尔德斯·赫胥黎（Aldous Huxley）借用，后来还被摇滚乐队"大门（The Doors）"借用。

在传统精神分析用语中，弗洛伊德带着他对启蒙运动的虔诚信奉，把空想的、幻想驱动的想象描述为一种从次级过程向初级过程、从理性评估向过度评估的降级。弗洛伊德和传统精神分析思想中的这种理性主义倾向，反映了19世纪最后几十年浪漫主义敏锐情感的崩塌。在那时，令人瞠目的技术成就催生了对科学的狂热，淹没了这种浪漫主义的敏锐情感。人们原本相信科学本身会产生智慧，但随着信心逐渐减弱，我们目睹了朝向浪漫主义敏锐情感的部分回归，这体现在存在主义、后现代主义和后结构主义等运动以及所有这些运动的衍生发展中。贯穿所有这些运动的共同主线是一种信念：尽管理性和客观性对于达成目的而言是好的、友善的，但它们或许不是我们参与世界的唯一途径，甚至不是最佳途径。这和另一个问题有着特别的关联：是什么让另一个活生生的人成为我们所爱恋和产生欲望的对象？

欲望的想象式建构

想象力是欲望的辅助。是理想化过程让某个人变得"被人所欲求"，这是一种想象力活动，突出了那些让人变得唯一、特殊、与众不同的特征。凯茜仍然能够察觉自己对丈夫反应中的那种激动感，这种激动就需要选择性。哲学、流行文化和民间心理学的传统认识论都假定，纯粹客观地呈现现实、他人和自我是可能的。对某个人来说，要成为欲望的对象，就需要一种富有想象的转变过程；在这个转变过程中，感知过程被幻想的幻象点缀，从而创造出一种更甜蜜的"供品"。在这种理解中，客观的基线由感知过程所提供，而感知过程是对事物真实面目的被动呈现，理想化则是人造甜味剂一般的存在。

这种传统观点中的许多概念支柱正在缓慢但稳定地受到侵蚀。心理学家已经发现，感知本身不是一个被动过程，而是一个主动过程；我们需要学会将感觉到的离散点组合成对自己有意义的图像。许多认识论学者已经开始把客观主义本身看作一种不可能的理想观念，一种对不可能达到的认识论的"根本性"安全渴望。许多科学哲学家发现，科学史并不是按照渐进、递增的途径来抵达真理的，而是通过一系列不连续的范式来解释和探索不同类型问题的。精神分析师渐渐不再把幻想看作一种幻觉式的、为了实现愿望而产生但会污染客观感知过程的幻象，而是看作一种沟通工具，外在世界通过这个沟通工具以一种私人的、充满活力的方式进入每个人的生命。

传统心理学和精神分析中对幻想和想象本质和功能的核心理解一直是"现实检验"这个概念。在普遍的观点中，我们对周围世界的感知——包括对他人——既受事物真实存在方式影响，也受我们对事物存在方式的想象性阐述影响，还受我们希望事物如何存在的幻想影响。想象和幻想是认知过程的潜在污染物，它们可能会模糊我们对事物真实情况的直接感知过程。它们可以很好地存在于自己的领域里，可以被清晰地定义为幻象，但是我们需要对这些幻象的标签保持非常的清醒。

但是，理论家已经开始挑战这种在对事物真实情况的感知过程和受幻想驱动的想象过程间的精巧区分。人们现在认为，或许只有首先确定那是一个令人喜爱的沙堡，然后才能看看它是不是令人满意、适宜栖息的居所。

美国精神分析师汉斯·洛瓦尔德（Hans Loewald）很有远见卓识，她针对现实检验提出了一个令人震惊的定义："现实检验远远不止是一种智识或认知功能。或许我们可以把它更加全面地理解为基于经验对幻想的检验（变成现实的潜力和适宜程度）——和基于经验对现状的检验（把现状包含和渗透进个人幻想生活的潜力），我们处理的是一个交互的任务。"检验现实不是为了消除它那些不符合实际的幼稚幻想，而是为了详尽探究，从而找到可以安置和培育幻想的位置。对于洛瓦尔德来说，为了适应生活而参加的许多活动在通常所认定为"现实"的那种理性而客观的视角下是有用的。但是，客观现实也像一笔需要稳定支付的费用，它成了让更加完整的体验丧失活力的阴影，只有当现状能够通过幻想被赋予生命且变得鲜活时，更加完整的体验才是可能的。

弗洛伊德认为幻想与现实对立且遮蔽了现实，然而后来大多数弗洛伊德学派的精神分析家都认为幻想丰富和增强了现实。对事物、他人和自己的某些感知倾向，会让人出于这类或那类的实用目的看待所感知的对象。在对事物、他人和自己的其他倾向中，感知对象变成了欲望对象，个体会通过不同的方式建构它们，比如突出不同的特征，探索不同的面向，以及如洛瓦尔德所说的会为了与自身的幻想和渴望保持一致而去详细探究。

哲学家伊莱恩·斯凯瑞（Elaine Scarry）在关于美的体验中探讨了这些议题。斯凯瑞指出，事物常常在它的惯常背景外开启无限的可能性，我们也在那儿领悟到它的美好："感知者被引领到对这个世界更广阔的关注之中。"哲学家斯图尔特·汉普希尔（Stuart Hampshire）阐述斯凯瑞的理论时说："存在两方面不可避免的对比：一方面针对那些客观上美丽的人物和美好事物的想象领域，这些想象领域是单独存在于头脑中并被框定的；另一方面是针对人物和事物的混乱领域，我们因其的实用价值和与其他事物的联结而做出评价。斯凯瑞认为，美的体验必然意味着对普通现实的超越。我们倾向于假定现实是真实且客观的，这使得超越性成为一个由幻想所驱动的幻象，并会把普通日常的他人转变为一个欲求的对象。但是，如果现实不再穿着客观性的外衣，并可以理解为一种对某些目的有用但对另一些目的无用的心理建构，那么它在创造欲望对象过程中的超越性就不再是对事物真实样子的污染或掩盖，而是一种替代性的心理建构，是一扇通往事物真实形象的窗户。

如果我们转变成这种方式来理解对事物、他人和自身的体验，那么结果并不会像某些人所恐惧的那样是不可避免的相对主义（relativism）或者唯我主义（solipsism）*，不是所有的一切都具有同等的现实有效性，同时也具有同等的无意义。结果往往是对事物、他人和自身更加复杂的理解，它在带来众多面向和模糊性的同时，也始终、必然并部分地通过想象活动变得鲜活起来。情绪、激情和欲望必然会以某种方式进入并塑造体验，客观性也是一种特殊的激情，一种对幻灭的渴望，正如大多数强迫神经症者最终会发现的，客观性是"最后的幻象"。

---

* relativism，相对主义，一种哲学观点，它认为知识、真理和道德是相对于心智的局限性和认知过程的条件而相对存在的，是相对于社会、文化和历史背景而存在的，是非绝对的。
solipsism，唯我主义或唯我论，一种哲学观点，它认为自我只能知晓自身，除此以外什么也无法知晓；自我是唯一的存在。——译者注

自我的知识

苏格拉底劝诫人们"认识你自己",2500年以来,对自我知识的追求一直是西方哲学和心理学的指导方向。但"认识自己"是什么意思呢?对苏格拉底和柏拉图来说,自我认识必然意味着培养一种高度纯净的理性,这种理性不会被来自感官的输入损坏。随着宗教热情进入西方人的意识,自我认识必然意味着在自我体验中把宗教神学的部分从世俗部分筛选出来。在这些西方主流思想中,自我之爱总是危险的。自我之爱使人远离并遮蔽了个人对真正重要事物的体验,也就是对现实本质的理性思考或对事物的欣赏。

弗洛伊德继承了这个传统,而且他也认为过度的自我关注是非常危险的。如前所述,弗洛伊德引用惯常使用的古希腊资料,把自我之爱称为自恋。他认为,过度的自恋会导致精神分裂症性的全面性自我专注,即便自恋少一些,也会导致最恶性的人格病理——"自恋型人格障碍"。精神分析师没法帮助的来访者常常被贴上这个诊断标签,并被评判为"无法被分析的人"。即使在连续谱更加健康的一端,自恋也与幼稚症相关联——通过更加微妙的方式出现的一种退行要素,这种不成熟程度可以在系统中依据理性和对自我中心的克服来衡量。

从经典弗洛伊德学派的精神分析到当代精神分析,这些问题的观点已经发生了根本性的转变。自体心理学(self psychology)

的创始人海因茨·科胡特（Heinz Kohut）引进了"健康自恋"的概念，这个术语形式上是一种矛盾修饰法，但是它现在指代的是作为心理健康必要成分的一种强健的自我关注意识。科胡特认为，个体认真对待自己需要某种经过调整的、孩子气的自我夸大，是一种不受批评和异议阻碍同时又不畏惧自我缩减的自我扩展。健康的自我体验需要某种阶段性的自我理想化，一种自我的浪漫化，这是活力和创造力的源泉。

弗洛伊德认为科学家是健康的原型，他们已经学会了调节和升华"幼稚的"性体验和攻击体验，管束其中的能量并使之服务于理性和科学探索。尽管弗洛伊德也热爱艺术和文学，但他总是对艺术家持怀疑态度，因为他们的体验似乎更接近儿童的幻想生活（或许是因为他们看起来一直处于玩得十分开心的状态）。对当代许多分析师来说，心理健康的原型不是科学家，而是艺术家，这是精神分析情感基调发生转变的标志特征。持续地客观看待现实被认为既是不可能的也是没有价值的，与之相对的则是在有关现实的不同视角间切换并发展的能力。在对外在现实的研究中，"自我分化式的自我专注"这个理想典范已经被自我表达和自我探索取代了，"认识你自己"的劝诫已经被"表达你自己"和"探索你自己"修订。

认识某个事物到底意味着什么？从弗洛伊德时代到我们的时代，这个议题的转变在某种意义上平行于科学本身的变化。物理学家维尔纳·海森堡（Werner Heisenberg）提出了"不确定原理"，其核心含义是人无法同时确定和描述一个电子的速度和位置。要学习外部世界的某个事物,就需要与外部世界互动,然而这种互动会影响和改变我们正在学习的事物。这对有关自我的知识来说肯定是适用的,不管是自身的自我还是他人的自我。我们从他人身上发现的内容,很大程度上取决于我们是谁以及我们如何接近他人;我们对自己的了解,很大程度上取决于我们如何对待自己以及为了达成的目的。

在这个观点中,对自我的知识变成了什么?在自我重要性方面的欺骗是不健康的,比如我在宇宙处于什么位置,对别人有什么意义。健康的状态是维持多种自我评价的能力,且不同的评价出于不同的目的。从这个观点出发,如果一个人无法认识自身缺点,那么他与别人的有意义交流就会遇到障碍。与此同时,对自身缺点的过度忧虑和无法浪漫化自我会变成个体的心理防御,阻碍其为自身潜力兴奋,也阻碍其以一种健康积极的方式与他人交往。认识自己是一件很复杂的事,因为认识某个版本的自己会成为个体的心理防御,阻止自己认识其他版本的自我。因此,在当代精神分析的术语里,与其说认识自己是一个需要达成的目标,不如说是一个需要持续沉浸其中的过程。

我们对自我构建现实方式的理解发生了根本性的转变,这种转变严重影响到了对一个问题的理解——当说"我们认识另一个人"时到底意味着什么。我们可以通过许多不同的方式来认识另一个人,可以是出于各种"实用"的目的,也可以是作为一种美的对象——后者需要突出日常生活没有强调的面向。我们没有充分理由假定他人比自身的冲突更少,复杂性更少,受背景影响也更少；我们也没有充分理由假定相比于把他人当作欲望的对象（超越的、理想化的心理建构），自己对他人的日常心理建构或多或少是更加真实的。坚信能够以可靠、可预测、确定的方式来真正地认识对方，是一种危险的幻象。

然而，存在一个充分的理由，让我们相信自己能够用一种可以预测的方式来真正地认识他人，即我们依赖和渴望他人的程度之深，有时会令人恐惧。于是，我们持久地被吸引着用一种更加稳定、更加有助于理解的方式来建构他人，把他人建构成一个普通又有缺陷的人，而不是一个非凡而完美的人。

对伴侣的日常反应可能会随着时间的推移而变得具有适应性，它把激情保持在最低限度，因而也把失望和愤怒都保持在最低限度。但是决定它是否更切合现实的因素非常复杂。有时这建立在一种选择性压制之上，压制了最初引发激情的那些非常真实的特征。我想再一次地强调，理想化似乎对一些事情是好事，而对另一些事情则并不是。

理想化及其危害

下面这段关于性反常者（sexual pervert）*施虐受虐体验的描述来源于一篇精神分析文献，我们可以思考一下。

---

* 最常见的翻译是"性变态"或者"性倒错"，但考虑到这种翻译术语带有强烈的歧视意味，因而这里根据其英文原意翻译为"性反常"。——译者注

在施虐—受虐者已然分裂或解离的世界中，这种对部分客体进行操纵又不会失去它的幻想逐渐呈现出来，这时他（这个施虐—受虐者）处在一种被改变了的意识状态中，这个意识状态的特征是极度的性兴奋、快速缩减的反思性自我觉察及"行为属于自己并处于自愿控制之下"的感觉。当处于这种被改变了的意识状态中时，个体感觉自己好像被催眠了或处于"情欲带迷雾"中，事物呈现出一种既真实又像幻觉的特征，这使得它们看起来比现实本身更加引人注目。我所谓的"情欲迷雾"起到了否认的作用——否认现实与幻想的不一致。

我必须承认，尽管我认为自己的人际关系不是特别的施虐—受虐，但这种情欲迷雾在我听起来还挺不错的。极度的性兴奋感，缩减了的反思性自我觉察，意志控制减少但仍是一种超级真实的感觉——让我加入吧！这些不正是处在爱恋、迷恋的狂喜中的人的重要特征吗！当然，所引述段落的作者关注这些体验，是因为它们不是发生在一段相互爱恋的关系中，而是在一段性反常的关系中——狂喜是被精心策划和控制的。在相互爱恋的关系中，狂喜是自发发生的。问题在于，现实和这种可能带来狂喜的幻想间没有任何桥梁。

理想化的幻想产生了狂喜的激情，而日常化的现实和理想化的幻想之间缺乏一致性。这种一致性的缺失是否意味着前者是更加"真实"的,而后者是反常又危险的幻象,不利于稳固长期关系。或者有时我们是否可以把理想化看作一个展现另一人鲜活特征的过程,这些鲜活的特征隐藏在日常互动之中,就像戴上了面具一样不易被察觉。我们看待理想化的激情是否就像浪漫主义者看待虚构的想象(就像斯凯瑞对美的欣赏),是否可以把它们看作一种超越了日常生活实用主义范式的行动,使我们能够触碰到某些更加真实、更亲近、更少(而不是更多)操纵的事物。

如果我们把日常现实看作客观的基准和朴实无华的真理,那么理想化的想象就是一台幻象机器。但如果我们把日常现实看作对世界、他人和自身的心理建构——这对达成诸多目的而言是必不可少的,但只是诸多可能的心理建构中的一种——那么理想化的想象可能会在有些时候引出或回应到世界、他人或自身的某些面向,这些面向也是非常真实的,但通常会被其他忧虑所遮蔽。

长期关系必然是实用主义的,尤其是那些要建立家庭、养育儿女、共担家务和房产的长期关系——如果要想持久,就必须为之努力。在这些关系中,伴侣双方的脆弱和缺陷往往都很突出:你所做的、所能做的越少,我所必须做的就越多、所能依赖于你的就越少。我们热切地渴望着安全、稳定和可预测性,而这也是理所当然的。尤其是在困难情境中,我们的情绪能否镇静取决于它。但是理想化会动摇,会把事物从日常生活常见的优先事项和视角中拉扯出来。就其本质而言,理想化的想象是不安全的,因而我们倾向于管理和隔离这些理想化想象,从而尝试控制它可能带来的损害。

这种朴实无华的实用主义取向并不必然比理想化的描述更加真实，这种观点并不意味着所有的理想化都同等地令人信服，也不意味着想象所编造出的所有事物都是对浪漫激情有用的基础。就像所有观点均认为的那样，理想化具有高度的选择特征，但对心灵的感受来说某些理想化比其他理想化更加真实。至关重要的一点是：理想化的原始素材是否至少部分存在于对方身上（但是因想象被突出且详细阐述了），或纯粹是幻想生活的一种虚构——这种虚构把对方当成了一个机会，用来投射个人需要，进行剥削和利用。一是因为爱人的美貌、智慧或善良而崇拜他或她（尽管不总是可靠的），一是因为爱人特殊的能力而崇拜他或她，随着时间的推移，前者很可能比后者更加经久耐用。因此，在爱情中区分"理想对象"和"虚假的理想对象*"可能会很有帮助。

在浪漫关系中，理想化的经久耐用程度还取决于这种叙事在多大程度上会发展成双方共同构建与合作的活动。当所选择的理想化特征与所爱之人对自己理想化时所热衷的方式相一致时，个人的理想化会更加丰富。通常，相互理想化会延展为两人的理念共识："我们只为彼此而生"。从某种意义上说，这种带着深情的观点反映了某些真实情况。因为在一段重要关系中，随着时间

---

* 原文pseudoideal是由pseudo-和-ideal构成的合成词，pseudo-意为"错误的、虚假的、欺骗的"，因而这里意译为"彻底虚假的理想对象"，与"ideal"相区分，亦可参考前面关于Ideal的译者注。——译者注

推移，参与双方都基于亲密互动的背景不断塑造自身——某种程度上也是为了彼此创造。但是，如果太过认真地看待这些完全和谐同步的幻想，把它们看作稳定的预期而不是短暂和阶段性的联结，那么这些幻想可能会产生巨大的破坏性。

对安全的渴望和对激情的渴求会把我们拉向相反的方向。正如弗洛伊德很久以前指出的，所有的理想化兴奋都会把恋人置于危险的状态。这种兴奋也许并不是相互的，爱恋也许会没有回应。和一个没有充分了解的人在一起，这在交往之初就已经很糟糕了，更不用说还要处于未来的风险之中。但是如果你遇到某个能够依赖、能够获得安全和可预测性的人，同时又陷入对这个人强烈又充满激情的理想化状态，那也确实是危险的。因为这个人非常了解你，甚至了解你所有的缺点和瑕疵。

从这个角度来看，这种"浪漫会随着时间推移逐渐衰退"的常见体验与其说是因现实和熟悉带来的理想化削弱，不如说是因允许自己陷入短暂而激情的理想化状态所增加的风险，尤其是在那些人们赖以获得安全感和可预测性的关系中。对他人的强烈兴奋感是危险的，因而通常当我们处于一个没法花很多时间相处或未来不会再与之联系的关系中时，臣服于这种兴奋感会更加安全。持续地渴望从某个重要他人那里获得某种重要的东西是情感生活的核心危险，"渴望拥有的人"如此危险的原因在于你有可能会失去对方，于是，渴望某个未知的、不可得到的人会成为个体的心理防御，这种心理防御会阻碍我们去渴望某个熟悉的、已然获得也因而能够失去的人。

在亲密关系中，理想化并不必然会消散，但是新的视角会增加。当然，某些视角不可避免会令我们失望，这并不是说浪漫必然会随着时间推移而逐渐消退，但是浪漫确实会变得更有风险。有时爱恋被描述为对另一个人的"疯狂"着迷。对某个真正赖以获得各种各样安全需要的人的"疯狂"着迷——不管这些需要是真实的还是虚幻的。正像凯茜一样，许多夫妻在关系早期曾经感受过对彼此的欣赏和兴奋，但是现在他们开始抑制这些欣赏和兴奋。他们告诉自己现在更加了解对方了，那些曾经理想化的特征并不是对方的全部，对方也是令人失望的，因此激情不可能保持在稳定状态。他们把自己对对方的了解用作一种心理防御，阻碍自己臣服于对对方的理想化。也许真正虚幻的是他们所寻求的保证，他们想用这些保证来防御失望和反复的孤独感。过度的依赖和短暂的失望不可避免地使理想化视角及其唤起的兴奋感更加危险，因为那并不是故事的全部。通过冷静地、有选择性地抓住弱点，阻止并监视自身对浪漫想象的臣服，兴奋感也能相应被控制。

每个人都以这样或那样的方式寻求刺激，而刺激是有风险的，所以我们倾向于控制和预测风险，就像让过山车牢牢锁在轨道上。有些人在短暂即逝或完全可控的关系中寻求着"廉价"的刺激——对"明星"日益强烈的迷恋似乎就满足了人们对理想化的渴望以及对理想化后果的恐惧（通过美化、曝光和摧毁明星）。

结婚多年，卡尔与妻子的关系变得相当疏离、对彼此缺乏兴味。卡尔是一位相当有名望的艺术家，一直全身心地投入工作之中，代价则是他的婚姻。卡尔觉得自己仍然爱着妻子，但不知如何才能重新点燃初识时的激情。在治疗中，卡尔开始探索夫妻最开始在一起的时光中的那些记忆，那时的日子是多么令人兴奋、充满激情。每当说起彼此间的浪漫故事，想到妻子曾经是（也依旧是）一位多么卓越的女性，卡尔的眼里总是噙满了泪水。尽管卡尔能够和我诉说他对妻子带着强烈情感的记忆以及秘密而持久的爱慕，但他觉得自己无法把这些告诉她。对他来说，向她倾诉自己一直以来的欣赏之情就像是刻意的迎合；对着妻子一诉衷情——像他过去所做的那样——就像是把自己置于一种"请求某种东西"的境地，或者甚至可以说像是在乞求。允许自己热切地渴望妻子，就好像在表现自己的怯懦。他觉得自己坚强可靠的表现曾赢得了妻子的爱，如果向妻子表达欣赏或渴求，就得放弃那些"自己坚强可靠"的主张。

卡尔这种反浪漫主义的世界观有着漫长的家族史背景。他的父亲曾经是一名海军陆战队的高级军官，但他的职业生涯被提前终结了——他认为自己的职业提升应该由战场上的成就保证，不再需要继续付出义务完成行政任务、参与社会活动。随着提及这件事情，卡尔感觉自己超越了浪漫化的"上位者"——欲望已经变成了乞求和羞辱的同义词，欣赏变成了自降身份的迎合，唯一值得拥有的爱恋只能通过善意行为获得。对卡尔来说，这种世界观的反情欲式负面影响变得越来越明显。

幻想和情欲

激情逐渐从现实和幻想的紧张关系中形成。人们幻想自己在现实中所感受到的东西、所拥有的东西或相信自己会拥有的东西。如果这些幻想是危险的,那么幻想自己不会拥有的东西就会更加安全。对某个不可能对象的性幻想为何如此引人注目?不仅因为它们提供了一个探索禁忌和危险的机会,还提供了一个在安全场所中幻想禁忌和危险的机会——这种幻想要比真实关系更加安全。它让人们得以在全能控制下体验危险,就像坐过山车时体验的那种坠落感(且过山车永远不会脱离轨道),是一种安全的刺激。在《害怕飞行》(*Fear of Flying*)中,埃丽卡·容(Erica Jong)出色地捕捉到了激情想象中的全能感,她描绘了"无拉链式性幻想(the zipless fuck)"[*]:它不仅仅是性行为,还是一种柏拉图式的理想爱情。当夫妇在一起时,拉链像玫瑰花瓣一样落下,内衣像蒲公英绒毛一样一下就吹跑了。双方自由自在,没有谁强迫谁,或者谁让谁受委屈。作者解释说,想要让这个"无拉链式性幻想"永葆激情,"永远不要太了解对方"就至关重要。简短交流很好,匿名更好,完全不说话最好:

> 无拉链式性幻想是绝对纯洁的,它没有额外动机,

---

[*] 埃丽卡·容发明的一个术语,用于描述"纯粹为了愉悦而发生的性爱,既没有现实的束缚,也没有感情的牵绊"。——译者注

没有"权力的游戏"。男性不是在"索取",女性不是在"给予"。没有谁在试图给丈夫"戴绿帽",或者谁在羞辱妻子。也没有谁在试图证明什么或者从别人那儿得到什么。无拉链式性幻想是所有存在中最纯粹的,它甚至比传说中的神兽更加稀有。但是我从来没有经历过这种幻想,每次离它近一点,我都会发现原来那只是一匹戴着纸制角的马,或者一个穿着神兽套装的小丑。

真实的关系总是纠缠着额外的动机,是一种权力的游戏。但是这并不意味着激情幻想会像神兽幻想一样无用,这些激情幻想究竟在丰富还是在削弱我们的体验,取决于它们相对于现实被放置的方式。它们是否鼓励人们快速地筛选或详细地描画伴侣的美貌;是否会培育人们的幻象让人觉得世界上还存在其他的潜在伴侣,而且这些伴侣全然美好、从不令人失望。

理想化会持续动摇我们自身:它改变了我们的价值观、优先事项和人生目的;破坏了我们面对实践的实用主义倾向,而大多数时候生活又需要这种倾向。"坠入"并不是一种能够存活下来的生活方式,所以我们告诉自己要从"坠入爱河"转变为"处于爱河",或者转变为更加冷静的"喜欢"。这代表着幻想的消解,代表着"脚踏实地"。我们通过把理想化降级为"不过是晕陶陶的幻象"来尝试脚踏实地,似乎也更加明智,知道得更清楚了。然而,我们一直追求的"实地"是否比唤起激情的理想化更加真实?答案并不清楚。更确切地说,它们只是出于不同目的的选择。

4

攻击和欲望的危险性

> 生活在愤怒中，是为了忘记自己曾经的软弱，是相信别人所说的软弱是一种可以展示和消除的伪造及伪装。生活在愤怒中，就如同对一间曾经发生过瘟疫的房子开展消毒式的清扫。
>
> ——玛丽·戈登（Mary Gordon）

我们倾向于把浪漫看作是在表达最美好的自我，会表达最温柔、最甜蜜、最充满爱意的情感。因此，当浪漫之爱瞬间转变成它的对立面——仇恨——时，人们往往会十分震惊。浪漫会造就陌生的同盟，且并不总像其他那些令人感到高尚而鼓舞的感受，比如奉献或爱慕。这些同盟往往表达了最糟糕自我，表达了人类体验中的黑暗面向：羡慕、嫉妒、仇恨和深深的恶意。我们被教导，对待爱情最有效的方式是成熟起来，将浪漫的迷恋转变为某种不那么强烈但更加稳定的状态。但是，从"处于爱河"到"稳定爱恋中"并不简单。稍有闪失就会让准爱人迅速陷入极端憎恨的感受和行动中。

有时浪漫激情会转化为强烈的仇恨和复仇的渴望，最极端的形式会激发真实的暴力犯罪。但是，激情仇恨会以诸多更加微妙的形式出现，针对浪漫对象的"犯罪"是普通生活中相当大的一部分：情感疏离、挑衅式测试、控制策略、报复。对大多数人来说，极致的激情"犯罪"只发生在心智中——但心智非常重要。

在民间有关爱情的智慧中，一个反复出现的主题是"浪漫之所以脆弱，是因为人类天生富有攻击性"，爱情会不可避免地被仇恨所污染。人们很自然地认为攻击和仇恨有害于爱情，会对此保持警惕，试图保护爱情。但在真正发生一次可怕的激烈争论后，许多情侣会体验到一种深深的慰藉。已经耐受过短暂攻击的爱情拥有一种通过其他方式无法获得的深度和韧性。因为爱情本身就伴随着巨大的风险，仇恨则是无法避免的伴生物。同时矛盾的是，浪漫能否存续并不取决于人们避免攻击的技巧，而是在爱的同时容纳攻击的能力。我们将会看到，对潜在欲望对象的憎恶可能会成为浪漫激情发展过程中的障碍。

秘密的复仇

杰克（Jack）是一名企业高管，40多岁，就职于外祖父创建的家族企业。他的父亲在50多岁时突然去世——之前也一直在这家公司任职，但职位比杰克现在更低一些。他的母亲是外祖父最宠爱的孩子，在家庭和公司中都是族长一样的强大存在，还经常把家庭和公司事务混淆在一起。一直以来，杰克和女性的关系形式都如同不断更替的单一制配偶。他们在关系之初通常会体验到强烈的浪漫兴奋感,但很快这些感受就消失了,而原本亲密的关系通常会转变成诚挚的友谊。

按照最传统的标准来看,杰克是非常成功的。然而,他很难认真地对待自己,这也是他来寻求精神分析治疗的原因。他认为自己是一个装成男人的男孩,觉得自己置身于母亲强势的控制之下,过着一种特权式的、美妙的、也相当轻松的生活。然而,尽管工作要求很高,得承担相当大的责任,但杰克对自己拥有的力量甚至行动力都很无感。他觉得自己男孩子气的一个核心特征,是他所偏爱的性活动——在公共场合偷偷摸摸地自慰。

慢慢地,精神分析性的探究揭示,在除自慰外的每一个活动中杰克都觉得自己受控于他人,执行他人的吩咐,接受他人的指导,达到他人的标准。在他的生活里这种感觉无处不在,唯一能够体验到真的想做的事情就是自慰,这是他最后的能够自我愉悦的行为,是纯粹的自我肯定。虽然与别人做爱对他也有吸引力,但更多的是不得不应对他人,让渡自己独有的快乐和自我主张的压力。多年以来,杰克逐渐改进了自慰的方式,好似培育出了一些审美品位或者表演似的。他一直生活在心理斗争中,不知道到底应该花多少时间享受这些快乐。他做出过众多承诺,也因此感到自己始终无法去做这件他真的想做的事,为此深受折磨。然而,当真正投入地去做偏爱的活动时,他又开始感到一种持续增长的愧疚和自我背叛。他感到自己始终在浪费时间,没有男子气概,总是沉溺于明显只有青少年才会做的事。这种强烈又无法解决的心理冲突和他觉得自己是个装成男人的男孩有很大关系，他没能在心理上作为一个真正男性置身于其他男性之中。

随着对杰克体验结构精神分析式探究更加细致入微，我们有了一些惊人的发现。多年以来，他逐渐培养出一套典型方式：坐在自己的车里——停靠在小城中心的某条街道上——把一件运动外套搭在膝盖上，然后不断刺激自己。他构建这段体验的方式就像是在"打猎"——他感觉到强烈的冒险感，试图在视野中捕捉到某位特别迷人、性感的女性路人。他会让自己一直处于唤起的状态，直到某个合适的女性出现，然后刺激自己达到高潮。这个行为的关键在于在街上找到一个足够热闹的地点来吸引合适的"猎物"，但是把自己置身于这样热闹的区域也是危险的，因为他随时可能会被发现。这种自我暴露是刺激的重要组成部分，一联想到自己如此近距离地暴露于不认识的受害者面前，他就会感到绝佳的快感。伴随着这种行为，他感到一种强大的、愤怒的、"当着你的面"的蔑视。但他也会害怕真的被发现，他知道自己可能会被捕，并想象这将会摧毁他的家庭和生活。

在这种精心构建的体验中栖居着另一种精巧制造的张力，也就是公共与私密、欲望与控制之间的张力。有人也许已经想到，幻想是杰克冒险的一个重要特征，他利用心灵的私密性想象自己有着强大的性支配权力，并利用它来达到目的。但对杰克来说，不存在于幻想中的那些事情也非常重要——没有裸体，没有性行为。关键在于，幻想中没有任何活动，只有发现猎物时的纯粹反应。

杰克会对出现在街上的女性视觉形象做出反应，而且如果对方对他有充分的吸引力，能唤起足够的兴奋感，他就能允许自己达到高潮——也许经历了多个小时的准备和积累。在达到高潮的那一刻，他发现自己脱口而出的并不是感激的赞美，而是鄙夷的贬低。

杰克构建了一块宽阔的心理空间来保护这个秘密的领域，让他可以只为自己而活，免于敬重女性——这是他在生活中非常需要的。然而，他精心建构的、孤独的、蔑视女性的性活动映照出了无所不在的消极感和对女性的屈从，而这是他生活中的典型特征。在秘密的蔑视中，栖居着他对女性更进一步的臣服——他既"捕获"了她们，又屈从于她们，同时伴随着深层的、深刻的、充满仇恨的愤怒。他在性活动中的激情，对女性虔诚的视觉跟踪和臣服，都和这种愤怒有很大关系。

在杰克秘密生活的中心（也是个人浪漫的中心）存在着三种强烈的体验：欲望、依赖和愤怒。这三种感受组成的三角关系点燃了杰克的激情，但彼此间的关系是什么呢？杰克对欲望对象的攻击和憎恨是"自然的"还是病理性的，攻击是最原始的元素——就像我们认为爱意和欲望是最原始的元素那样——还是遭受了剥夺和失败的后果？依赖又从何而来？杰克在与女性关系中的被动式渴望是欲望的自然维度还是幼稚化的表现？被动的被照顾的渴望、相互依存与亲密的欲望，似乎分别是在浪漫关系较早阶段和较晚阶段发展的不同维度，那么两者之间又有什么样的关系呢？这些问题都不简单。许多世纪以来，哲学家和心理学家一直在努力使用各种方法回答这些问题。

鹰派和鸽派

讲述人类历史的方式有很多种，可以肯定的是，对过往的所有记载都必然包含着血腥暴力、相互对抗。人们似乎一直以来总会残忍地对待彼此，从精妙的心理权力游戏到酷刑和残杀，像一个连续谱。若问及攻击、暴怒和憎恨从何而来，我们的文化存在两种基本的理论倾向——弗洛伊德接连被这两种倾向吸引——我们可以把这些理论的支持者分别称为鹰派和鸽派。

鹰派认为人类天生就是暴力的，从根本上说就是掠夺者，对同类有着深层的憎恶。这个立场有着许多版本的阐述，英国政治哲学中最具影响力且能言善辩的代表人物是托马斯·霍布斯（Thomas Hobbes）。霍布斯认为，如果任由人类按照自己的意志行动，我们会很快互相残杀。自然秩序是一种混乱的、"个体对个体的战争"。因此，我们需要法律来保护自己免于他人的伤害，这样才能追求自己的快乐。

在心理学领域，动物习性学家康拉德·洛伦茨（Konrad Lorenz）提出了一个鹰派立场下最有力量的表述。洛伦茨认为，在人类演化的漫长过程中，我们已经成为一种具有领地意识、好斗天性的动物。攻击是作为一种适应性的基本需求逐渐出现的，它是一种类似于饥饿的、永不止息的力量。它服务于特定的生存需要：分割领地，确保最强者的性优势，并为领导等级制度的建立提供基础。攻击需要被满足，如果没有发泄攻击的可用途径，好战性就会从性格的边缘区域"流露"出来。如果没有战争要打，我们就需要通过竞技类运动等良性渠道转移攻击。如果没有明显的敌人，我们会开始创造机会战斗。

与之相反，鸽派认为人类天生就是爱社交的、有爱心的。攻击不会从内部突然冒出来，而是来自外部的污染。这个立场也存在许多版本。欧洲大陆的政治哲学提供了一个与霍布斯、约翰·洛克（John Locke）等英国理论家相反的重要观点，即认为人类作为个体时是不完整的，需要组成共同体才能完整地实现自身。例如，让-雅克·卢梭（Jean Jacques Rousseau）认为自然状态是一种和谐状态，因为每个人看到同胞受苦时都有一种"天生的反感"。根据鸽派的观点，人类历史上的暴力都产生于剥夺、腐败以及对天然社会性与合作性的干扰。因此，卢梭把人类暴力的根源定位于稀缺性和私有财产所带来的影响："战争是物与物之间的关系，而不是人与人之间的关系，也就是说，战争的状态不可能仅产生于人际关系，还产生于财产关系。"在心理学理论中，美国行为主义学派的"挫折/攻击"假说最全面地发展了这种立场的观点：攻击逐渐出现于人类应对挫折的体验中，它没有独立的动机来源。当更多有爱的、良性的活动受到阻碍时，它就会出现。

鹰派和鸽派共同"飞行"，似乎也彼此需要。例如，在精神分析领域中，弗洛伊德最初青睐鸽派的观点，但最终采纳了"攻击驱力是天生的"，后者赋予了传统精神分析明显的鹰派风格。然而，在弗洛伊德成为一个鹰派人物后，鸽派的立场仍然现身于各种新弗洛伊德学派或后弗洛伊德学派中。一些精神分析师认为，人类不是由攻击驱力所驱动的，人类寻求依恋、人际亲密或者自我的凝聚力，且只有在这些更加基本的动机受到阻碍时才会变得具有攻击性。

不仅哲学家和精神分析临床医生在努力参与这场争论，每个人都以自己的方式参与其中。在当今，一个人的核心特征之一就是逐渐达到对个人天性的认识。一般来说，别人通常是什么样的，我又是什么样的？个体如何理解和体验邪恶与残忍的根源，体验那些更加"黑暗"的激情？这都是个人自我塑造过程中的关键元素。在寻找自己对攻击起源的个人立场时，我正在构建看待自身个体体验的框架，建立个人历史的版本，塑造内在生活的类目和基调。我问自己以下问题：爱与恨之间是什么关系？从根本来说人们在追求着什么？我在追求着什么？当我的关系出现问题时——当爱变成恨，张力满满——该如何是好？在人生历史事件中，我把自己定位在何方？我如何理解自己的动机，解释自己的残忍和背叛？当浪漫变成了忧郁，我如何叙述发生的故事？

在鹰派的眼中，攻击是权力欲望和支配欲望下的必然表现。战争和暴力都是无法避免的；只有通过纪律和"法律与秩序"才能维护社会稳定。在个人层面，人们要审慎地看待亲密关系。爱情是一种短暂的插曲，更加根本的是审慎地对待彼此；如果幸运的话，爱情很快就会被责任感和尊重取代。当然，事情往往会出些纰漏，当更加真实的天性逐渐出现时，关系也相应破裂。

在鸽派的眼中，攻击是对挫折和剥夺的反应。战争、恶毒的民族主义和社会暴力是过往创伤、贫穷和绝望的结果，只有通过合作、资源再分配和平等才能获得社会稳定。在个人层面上，人们乐观地看待亲密和爱情，认为爱情能很容易地建立，也能很方便地维持。当被迫偏离真实天性，没有充分地投入爱或被爱时，关系就会破裂。

我用精简而直接的术语把这些立场简单勾勒出来，不过它们很少以这么极端的形式出现。在个人和人际事务方面大多数人都会在这两种视角间摆动变换，而这依赖于各自不同的生活经验。这种摆动的原因之一，是鹰派和鸽派的观点都有令人信服的部分，但又都不能完全令人满意。

鹰派观点具有说服力的部分原因，是攻击、憎恨和暴怒似乎都有着生物学方面的坚实基础和原理。它们既产生特定的身体状态，同时也被这些身体状态表达，有着强烈的情绪浓度和巨大的反应强度。当愤怒时，我们的身体会发生变化：脉搏加速，激素激增，身体力量似乎在增强。通过竞争和报复，攻击无疑成为许多人类体验的强大动机。鹰派的言论告诉我们，我们是动物，只有接受自己原始的、暗黑的面向才能生存下来，而这些暗黑面向会永恒不息地把我们推向暴力。

然而，对许多人来说，鹰派视角有些过于暗黑了。毫无疑问，人类是动物，但很难想象存在另一种像人类一样暴力的动物。在人类大多数体验中，攻击似乎确实不像"攻击本能"所暗示的那样随机出现、永不止息。攻击不是一种持续产生自内部的压力，不以诸如饥饿一样的方式存在，并且显然是更加暂时性和情境性的。考察人类的近亲倭黑猩猩的社会关系，虽然我们没法知晓它们彼此攻击的内在原因，但显然它们没有被攻击力驱使："相对来说，倭黑猩猩生活在一个非暴力、平等主义和以女性为中心的社会中，这也许能提供许多参考。"在倭黑猩猩的文化中，大多数的暴力都存在一些诱发因素，比如威胁、创伤、侮辱，以及某些让它们感觉危险的东西。这些因素可能是真实的，也可能是想象的。

人类最严重的攻击并不是随机爆发的，而是创伤、危害及报复这一循环模式中的一部分，并随之导致了更多的创伤、危害和报复。

因此，把攻击看作对威胁的回应也使鸽派观点同样令人信服。但鸽派观点通常伴随着一种天真的多愁善感，它似乎认为如果人们能对别人更加友善、更加富有同理心、更加体贴，攻击和憎恨就可以避免。鸽派告诉我们，只要更加努力，就不会坠入暴力之中，因为暴力违背了我们真实的本性。

攻击和危害

在哲学和学术、个人和人际层面，围绕人类攻击的争论焦点一直是"攻击是否是天生的"：攻击是一种原始的、自主产生的驱力，还是一种针对威胁的反应？近些年，我开始觉得这个问题并不是真正最有意思的部分——如果把焦点从攻击本身转移开，转到人类事务中危害根源的运作方式上，那么我们就能走得更远。

让我们先把鸽派看作一个合理的出发点，也就是无论是在当下还是在过去，无论是在个人层面还是在个体强烈认同的群体层面（如国家或家庭），攻击都是对生存威胁的一种反应。我们倾向于从生理角度看待生存威胁，比如某个人在我们面前挥舞着一件武器。我们可能会死去，所以要战斗。但是人类也许与其他动物并不相同，人类形成了除了身体存在以外的自我，这种自我感也是有生命的，在面对威胁和破坏时也是脆弱的。我在什么条件下还能感觉"我是我自己"？在什么条件下会感到心理有毁灭性的恐惧？在什么条件下会感到自己的自体价值感和使用价值感受到了侮辱，而且这种侮辱损害了自我感？想想"路怒症"，它偶尔发生，严重时会带来人员伤亡。它的诱发因素几乎从不是真实的身体被伤害，而是感知他人缺乏尊重。暴怒的司机感到"被轻蔑对待"了，被威胁到的不是生存，而是尊严和自尊。因此，主观定义的自我完整性受到了威胁，会产生强烈的攻击反应。事实上，"纠正过往屈辱"的意志激起了对报复的追求，而这通常又把人们推向对实际生存来说非常危险的境地。

鸽派观点的问题在于，把攻击降级为对威胁的反应似乎在暗示攻击仅仅是附带的，增强安全就可以轻易消除它。但最有意思、最重要的问题是：为什么我们会如此容易且如此深刻地感到被威胁？

人类与其他动物间的区别，并不在于用于攻击的身体或心理力量有多少，而在于激起攻击的境况如此广泛，感到威胁的条件如此普遍。这些威胁并不是针对物理生存的，而是针对"自我"的保持；人类与其他动物间的区别，并不在于进行掠夺式攻击的能力，而在于保持怨恨、培育冤屈、想象侮辱，以及把自我放置于情绪脆弱情境的能力——就像浪漫爱情会让人感觉自己的自尊感受到威胁。

一直以来，儿童心理学家和精神分析师都把情绪脆弱的根源定位于童年时期。他们描述了许多不同形式的危害：螺旋式增加的生理需求、与"依恋"对象的分离、与照顾者在情感同频方面的中断、父母的焦虑、母亲的侵入（打破了婴儿微妙的自我边界）、规律频繁地被打断或干涉，以及更多尚未列举的其他情况。即使接受了最好的照顾，婴儿也会不可避免地体验到不适、无助和渴望。

一种富有想象力的心理发展理论认为，婴儿相信他们之所以受苦，是因为那看起来无所不能的照顾者想让他们受苦。也许这个理论有点牵强附会，但"自己的痛苦源自别人"是一种反复出现的特征——不仅婴儿会这样认为，成人也会。接受精神分析的来访者通常认为只要分析师愿意，就能够很容易地帮助到自己。遭受了一连串不顺的"受害者"通常会感觉自己被"诅咒"了，不禁诘问苍天，想知道"为什么是我？"。对人类来说生命是短暂的，但对许多生物来说，生命又是漫长的。生命本身的有限性让人感到其残酷，也正是这种框定生命的方式，让我们拟人化了一个内在的主观能动者*，认为它会为我们遇到的麻烦负责——因为觉得受到了糟糕的对待而对其非常愤怒。恋人或准恋人倾向于把受伤害感和被忽视感解释为一个明确的信号，昭示了对方对自己的爱或关心不够。

欲望和依赖

想想杰克对女性的敌意吧，他因女性凌驾于自己的权力而憎恨她们。从某种意义上说，他的憎恨是可以理解的——这好比奴隶的憎恨，感觉彻底被主人剥削了。杰克觉得自己在持续不断地背叛自己，受那些女性支配——这些女性能够唤起他的欲望，控制着他的满足或挫折。他想报复，想扭转这种局面，想要挽回自己的尊严。

但是，为什么杰克把自己对女性的欲望体验为如此卑贱的依赖呢？这是爱情的扭曲，还是对激情某一个必要维度的夸大？

答案是两者皆有。杰克与女性的关系是以他与母亲的关系为模板的，而他与母亲的关系有着惊人的不平等性：母亲一直都很有权力，他则一直依赖于母亲，既包括她分配给自己的物质资

---

* Agent，指能够主动发起行动、控制事态或促成结果的个人、机构或者结构；本书中最常见的意思，是人类心理中主导和管理自己感受、思想或决策的某种心理结构。这个概念强调的是这一心理结构（或自我）所具有的主导和控制等动力作用，类似于自我体验中体现了个人"意志"的自我，本书统一翻译为"主观能动者"。这也是本书最重要的概念之一。——译者注

源，也包括情绪资源。也许杰克童年的这种特殊状况阻碍了他把自己体验为一个相对于女性的男性，只能把自己体验为一个相对于母亲的男孩。他总是祈求般地渴望某个资源比他丰富得多的人，并渴望处于她的控制之下；或者说，杰克童年的特殊状况使他停留在自己作为男孩的体验之中——他是最受喜爱的儿子，被给予了各种美好的事物。相对于把自己当成男性来建构和体验这个世界——既要有自己的资源，也会面对自身的脆弱——作为孩子要有吸引力的多。

对杰克来说，性唤起被体验为依赖，性欲望变成了伴随养育经历而来的附带品。女性的回应带来的不仅是性满足和情绪满足，还有一种被全面关怀的愿景。当然，这种彻底的关怀永远不会到来，也不可能存在。杰克似乎在持续不断地尝试兑现他在很久以前得到的承诺，来自那个唤起他的欲望、奴役他、并用更多虚假承诺玩弄着他的渴望的女性。于是，杰克精心策划了他的报复：在感情上抛弃那些和他有实际关系的女性；跟踪他有欲望的女性，并让自己处于她们控制之外，在她们一无所知的情况下"享受她们"；在向她们"臣服"的同时诅咒她们的恶毒和奸诈。

浪漫激情一旦掺入了攻击性就容易崩坏，这种攻击反映出恋人可能给自己带来的危害。欲望的对象具有巨大的力量，而恋人的脆弱程度与爱情的深度成正比。这点突出表现在欲望与依赖的相互融合中，也表现在杰克情感的构成中。这是爱情的扭曲吗？还是人之常情，不过稍有夸张？欲望和依赖之间的关系是什么？爱情必然是这么危险的吗？

这些问题不可能有权威答案，因为它们只取决于我们想让爱情是什么。浪漫爱情并不是某种纯粹的自然现象，不像条件反射或筑巢本能，而纯粹的自然现象或多或少都具有跨文化通用的属性。虽然爱情肯定依靠和运用了身体的生物过程，但它是一种复杂的心理建构，既基于特定历史文化的心理建构，也基于特定个体恋人的心理建构。在对爱情进行心理建构的方式中，特定文化价值居于中心，精神分析领域中爱情和心理健康的理想典范的转变，最为明显地体现了这一点。

在20世纪50年代，美国精神分析的主导意识形态是弗洛伊德学派的自我心理学。这一传统的核心价值是发展一种冷静、理性和功能良好的成熟个体，适应和整合是关键。童年向成年的转变必然意味着一个渐进式的"中和化"过程，这个中和化过程的一方面是幼儿期"性愿望与性冲突"和"攻击愿望与攻击冲突"的非理性幻想特征，另一方面是稳定、一致和更加多彩多样的体验假设。童年时期强烈而单一的激情和泾渭分明的黑白认知，被成年的"灰色"所取代。在那个时期，也许最重要的诊断式区分是"俄狄浦斯期"心理病理和"前俄狄浦斯期"心理病理。前者在本质上和起源于五六岁时的性冲突有关，也就是说，孩子这时候有着朝向父母的性野心和对受到惩罚的恐惧，其幼儿期的性存在也在这个过程中逐渐达到顶峰。后者在本质上和生命最初几年中更加早期、原始的依赖和基本信任问题有关。杰克把爱情与依赖融合在了一起，这表明了他有前俄狄浦斯期的问题。对于真正处于俄狄浦斯期的男性或女性来说，爱情并没有那么危险，因为更加早期的依赖议题已经被或多或少地解决了。

然而，随着时间推移，真正处于俄狄浦斯期的男性和女性越来越少了。精神分析师越多研究幼儿和其照顾者间最早期的依恋与关系，在每个人情感生活中发现的依赖议题就越多。在研究生培训期间，我和朋友们满是担忧地讨论过这个问题。大家在自己身上也发现了围绕着依赖的冲突，并为此感到恐惧——因为课本上说这都是前俄狄浦斯期问题存在的证据。从根本上说，当代不少精神分析理论家所认为的前俄狄浦斯期与俄狄浦斯期之间的区别，以及依赖与欲望之间的区别都是漏洞百出的。现在，学者很少把发展看作一种线性的阶段序列，即一个成熟的自我版本代替了一个幼稚的自我版本，而是更多地把发展看作新经验的积累——累加到先前经验中，而不是代替了它们。

前面章节提到了哲学和精神分析理论在理解"自我"时的转变。较为早期的观点认为健康的个体拥有一个单一而整合的自我，更现代的观点认为存在多重自我，在不同背景中为了不同目的逐渐出现。与此同时，关于情绪的认识在病理学和健康领域也发生了密切的转变。20世纪50年代，在心理健康的理想典范中，各种情绪可以被调节并被平稳地结合在一起。童年纯粹的感受被成年的模糊性所取代，不成熟状态的爱与恨被成熟状态中复杂与模糊的健康整合取代。如今这个时代人们更有兴趣的心理健康理想典范认为，情绪是可以生动而强烈地被体验的，有时以顺次进行而不是以整合的方式体验。因此，我们在前面章节中指出了理想化的能力在丰富体验过程中的重要性，这种视角和更加实用主义的视角是交替出现的，而不是被平稳地整合在一起。

同样，在过去几十年中，尽管人们曾经很可能把强烈的攻击看作是退行的、不成熟的，但现在当攻击和其他强烈的情绪状态交织在一起时，人们更常把它看作健康情绪集合中的一部分，认为它有助于维持情绪生活的活力和生动性。共同分享朝向同一些人的攻击性，能够成为彼此亲密联结的重要特征，比如老友聚会时一起吐槽多年来一直讨厌的"共同敌人"——此时最让人沮丧的，莫过于听到某个人说"其实他们也没那么讨厌"。

自我体验的愿景在这个过程中逐渐浮现，存在一种持续不断互相转换的共鸣——在感知与记忆、现实与幻想、现在与过去，以及爱与恨之间。按照这种认知方式，成人体验中的强烈欲望——也就是在浪漫爱情中被激发的欲望——总是以某种方式唤起了童年早期的某些渴望。激情的核心本质是创造了对欲望对象的依赖，而根植于成人欲望中的脆弱则不可避免地会与其成长中对他人的依赖历史产生共鸣。在卡森·麦卡勒斯（Carson McCullers）那本令人回味无穷的短篇小说《伤心咖啡馆之歌》（*The Ballad of the Sad Café*）中，作者捕捉到了浪漫爱情中过去的渴望与现在的渴望、童年的渴望与成年的渴望的相互渗透：

> 爱情是两个人的共同体验，但这并不意味着他们卷入的体验是相似的。通常，对于一方来说，另一方只是一个刺激物，刺激自己长久以来储藏的所有爱

意，这些爱意一直深埋心中。不知何故，每个人都知道这一点。每个人都会感到在灵魂深处自己的爱是孤独的，这是一种新的、陌生的孤独，这种认识让人十分痛苦。

杰克的问题不在于他的欲望被依赖"污染"了——正如麦卡勒斯指出的，依赖是情欲渴望的核心本质——而是源自他对这个世界被动式的、依赖的倾向，这种倾向使其欲望中固有的依赖太过危险，以至于无法在真实的关系中体验。

欲望、依赖和攻击

第二章中思考了以下问题：为什么性存在在人们生活中扮演着如此核心且强大的角色？一个共识是，性存在的普遍性和强大性源自它在根源上是一种人类本能。如果性是驻扎于内在的一片原始而未经雕琢的天性，那么这种观点就很说得通了——性是普遍的、强大的，也是富有攻击性的。天性（在某些流行的心理建构中）本就是冷酷无情的，所以性存在当然也是冷酷无情的，是不考虑对象和后果、缺乏良知、对纯粹快乐的一种追求。

但如果性存在是一种潜在能力而不是一种本能力量呢？如果生殖器的神经末梢密度并不必然从内部推动，而是给我们提供一种独特的快乐的可能性（且这种快乐很大程度上通过有另一个人的参与而增强）呢？性欲望或浪漫激情最显著的特征之一，是把我们放置在一个需要他人的位置，而理想化引导了浪漫激情。对于人类而言，不仅是成年人的欲望可能会唤起更早期的童年依赖（即俄狄浦斯期不可能完全摆脱前俄狄浦斯期），浪漫激情也会极大地增加风险，会把我们放置在一个真实的（而不是幻想的）依赖欲望对象的位置上。这一点还是无法避免的。

我们也许会把色情行业看作人对欲望的反应及其结果，看作人类性存在寻求表达与满足过程中衡量其程度的手段。但它的作用不仅仅是满足性欲望，还包括产生性唤起。一旦过了激素飙升的青少年时期，性唤起通常不会轻易出现，它往往需要花时间酝酿。在某种程度上，它是受外界刺激而产生的，这些刺激来自周围的世界。但它也是自我刺激的，当人们观看有性诱导作用的杂志、电影或电视节目时（无论是明显的还是隐含的），也就在寻求着被激发、被唤起的机会。色情在性唤起的自我刺激中扮演着非常重要的角色，人们偏好用人为设计来控制欲望，而不是任由其自发产生。

不要低估人为设计的价值。如果我对你有欲望，而你又是一个真实的人；如果我渴望的不仅仅是性接触，还有浪漫的回应，那么我也许就有大麻烦了。事实上，这是必然的。一旦想从对方那儿得到些什么，就会产生依赖，会受制于对方对自己的感受，进而就自然而然地想要控制自己的命运。我想要的是你爱我，是在我需要时你恰好也发现我吸引着你、让你兴奋。但我再怎么渴求都没有用，因为如果我强迫、欺骗或操纵你使你爱我，那么这个爱也就没有任何意义了。

色情产业的运作遵循着"如果……会怎么样"的原则,提供了模拟情境下的各种刺激组合——这是一种无风险的欲望,就像瓮中捉鳖一样不可能失手。

这个"如果……会怎么样"的原则在其他方式中也发挥作用,比如在占据公共娱乐生活主导位置的明星文化。我们徜徉在浪漫爱情电影和肥皂剧中,像在一级安保下"乘风破浪"。有些人知道自己正在寻找替代式的浪漫刺激,想穿像女主角一样的衣着,拥有同样的手提包、运动鞋和沙发。还有一些人责难所有挑动欲望的行为,甚至把一生都投入对其的搜寻和谴责中。他们同样都在寻求性唤起,只不过用了一种更隐秘的形式。

为什么我们需要这种控制,需要这种自我保护?因为当处于自发欲望带来的挣扎时,我们会感到自己非常缺乏保护、非常脆弱。依赖不是童年延续下来的残留,它是对另一个真实人类欲望的基本组成成分。依赖是脆弱的,让我们感到危险——这不仅仅是幻想,陷入欲望中的同时,我们也处于危险之中。这让我们容易愤怒,我们想要控制,想拥有伤害他人的力量——也许是想用这些力量消除扰乱了我们平静心绪的人,消除那些逐渐削弱了我们自我意识和自我价值的人。攻击是对威胁的反应,随着时间推移而持续存在的欲望产生了一种持续再生的威胁。《安娜·卡列尼娜》(*Anna Karenina*)是有史以来最伟大的爱情故事之一,托尔斯泰(Tolstoy)在这个故事中告诉我们,安娜和渥伦斯基(Vronsky)的调情是一种渲染了强烈攻击色彩的性互动方式,而这些攻击鼓舞了他们的欲望,同时也预示了安娜最终的死亡(攻击行动）：

> 这是几乎整整一年他生活中唯一的愿望，取代了先前所有的愿望。对安娜来说，这已然是一个不可能实现的可怕的梦，但同时也成为一个更加令人迷恋的幸福的梦——这个愿望已然得到了满足。他脸色苍白，下颌颤抖着，站在她身边，哀求她冷静下来。他不知道自己该怎么做，也不知道为什么要这样做……她望着他，感觉自己身体机能退化了，说不出一个字。当他看着这具被他剥夺了生命的身体，他产生了杀人犯才会有的感受。这具身体就是他们的爱情——最初阶段的爱情。回想自己为这糟糕的羞耻感所支付的代价，他有一种可怕的、厌憎的感受。他羞耻于她精神上的赤裸，这种羞耻感也碾压着她，并将羞耻本身传递回去。然而，尽管杀人犯在受害者的尸体前怀着极大的恐惧，但他仍要分尸藏尸，这是他所犯罪行的恶果。

渥伦斯基之所以有谋杀安娜的欲望，部分原因在于她是一位重要人物无可挑剔的妻子。对于渥伦斯基性欲冒险主义的意识形态来说，她的名望象征着一种挑战，是相比其他对象有趣得多的"猎物"。但是，这部小说的宏大和力量在于托尔斯泰触及了某种更加普遍的东西。《安娜·卡列尼娜》讲述了两个爱情故事，一个是悲剧的，一个有着幸福的结局。除了刚刚的那对爱侣，莱文（Levin）和凯蒂（Kitty）的爱情虽然是幸福的，也并非一帆风顺。安娜对渥伦斯基的迷恋几乎摧毁了她，她也把对渥伦斯基的愤怒转变成了凶残的自我厌憎；而凯蒂最初的拒绝也让莱文退缩不前、闷闷不乐，为此忧郁沉思，直到多年后才恢复过来。托尔斯泰似乎在暗示爱情是一件危险的事，欲望使人陷入危险，而针对这种危险的攻击式反应会摧毁欲望的对象和个体自身。

第二次世界大战之后的美国文化把稳定看得高于一切，这反映在精神分析中"整合"和"适应"等理想观念上，也反映在"缄默的婚姻"这一流行形象上。电视上，整洁的双人床伴随着夫妻的相敬如宾，爱情故事从不涉及剧烈的、长期的斗争。

当代流行文化或精神分析的理想观念都已变得更加强调活力、创造性和真实性，而不是安全和稳定。这为浪漫的重新建构奠定了基础，让它被看作一种可行的成人体验，而不再是青春期式的退行。但是，若要以允许风险和脆弱的方式来建构浪漫激情，个体就必须接受依赖和攻击。这使得建立在安全、共谋、虚幻的可预见性等理想观念上的长期关系成为不适于激情培育的贫瘠土壤——需要空间让攻击得以呼吸。

控制的策略

一直以来，一些理论家认为攻击和施虐在性欲望中起着重要的作用，因为所有人都渴望纠正孩童时期遭受的羞辱，而这些羞辱与我们早年的渴望有关。在这种观点中，强烈的欲望总是与复仇的渴望融合在一起。就像渥伦斯基那样，每个人都想打倒自己的"安娜"，杀死她那唤起自身渴望的力量。激情的欲望更有可能在新关系中出现，因为存在着诱人却又陌生的他人。这种观点还认为，长期关系中也许会发展出真正的关爱，进而抑制攻击，使得浪漫的情欲特征变得不再可能。但我认为事实恰好相反——长久的爱充满了攻击。问题并不在于缺失攻击，而在于攻击的存在带来了强烈的危险感。

与陌生人间的匿名关系是否为各种攻击的产生提供了更加肥沃的土壤，并因而增强了欲望？我认为并非如此。在与陌生人的关系中产生的那些短暂的攻击幻想，相比对共同生活并且深爱着的人怀有的强烈的杀人幻想根本算不了什么。攻击的有效程度和危险程度与我们对目标的了解成正比。我的几个来访者在感受与攻击的联结和表达攻击的能力方面有些障碍，他们通过对出租车司机吼叫（通常有正当理由），而在克服自己对攻击的抑制方面取得了长足进步。他们在亲密关系中当然不缺少愤怒和憎恨。但是乘坐出租车是有时间限制的，以及可以选择随时下车，因而出租车成为一个更加安全的、实验这些令人畏惧感受的场所。如果攻击是激情的关键成分，那么长期关系中会有大量攻击的存在。

正是他异性定义了自身全能感的极限，并创造了脆弱感和通常伴随着欲望的无助感，让浪漫的渴望总是在屈辱的边缘游走，也让欲望的对象很容易转变为报复的对象。我们对其的渴望是其原罪，就如同其令人渴望的特征同时也是折磨人的刑具。

攻击是欲望的弱点，也是浪漫之所以如此脆弱的原因之一。维持浪漫需要容忍脆弱感和攻击，激情越深，脆弱之处就越不稳固，攻击的潜在破坏力就越大。因此，容纳攻击的能力是爱的能力的前提，而维持浪漫的激情需要精妙的平衡。

浪漫爱情中存在着许多不同的、管理爱恨交汇的策略。基本的潜在原则，是通过减少或消除欲望的对象来同时表达和控制攻击。很久以前，伊索（Aesop）就把这种常见的解决方法定义为"酸葡萄心理"：自己真正的需求无法得到满足，为了解除内心的挫折感，人们编造一些"理由"自我安慰。也许某个地方存在着"甜葡萄"，但为了防御失望，自我保护需要持续地提醒自己不要期望得到任何甜头。诋毁是为了维持平衡，而对长期伴侣的一贯蔑视往往是维持稳定的必要条件。

在某些案例中，兴奋和渴望被保存为记忆，深藏心中。人们对于爱情最开始的时光很是怀念，那时关系刚刚萌芽，爱还是安全的。但现在天真已经一去不复返了，它被背叛了。还有的案例展示了曾经的爱情承诺是多么虚假——就像第三章中谈到的凯茜和卡尔一样——兴奋总是像一种潜在的危险一般，徘徊不去。对恋爱早期的兴奋记忆保持警惕至关重要，它持续地提醒着我们欲望的危险性，喂养着伤害和怨恨。

人类的情感生活是强烈的、多样的、冲突的。为了应对情感生活的这种浓烈特征，最常见的无意识策略之一是在众多亲密关系中分割不同的感受。例如，在家庭成员中往往有着一个"敏感的"人，一个强硬的人，一个易怒的人，等等。当然，每个人都有各种各样的情绪,但是每个人都会依靠其他人来承受和表达自己意识体验中难以容纳的那些情绪。

在夫妻关系中,双方通常会通过这种分割和反转来维持安全、调控攻击。这种分割和反转通常还会顺延传统性别角色路线:假装自我满足的男性宣称,不是他需要妻子,也不是他想要依赖她,而是妻子极度地需要他;如果没有她,他可以活得很自在;她卑贱地需要着他,而他十分坚强且能自我满足,他们两者有着天壤之别;他和她在一起只是出于同情。只要一方扮演"有需要又依赖"的追求者角色,那么这种情形就会一直稳定下去。但令人惊讶的是,当追求者最终放弃时,这个一贯轻蔑他人、自我满足的被追求者会非常恐慌,并且突然变得极度需要对方。这明显说明了构成浪漫激情的欲望、依赖和攻击三者已经被分裂和分割了,伴侣的一方只会感受和展现渴望与依赖,而另一方只会感受和展现攻击式的轻蔑。

随着时间推移,在夫妻关系风险管理中,性功能障碍通常会扮演重要角色。不要对对方过度兴奋似乎至关重要,而减弱的兴奋感同时起了自我保护和报复的作用。这种减弱的兴奋感似乎在表达:我曾经对你很感兴趣,但是现在不了。随着时间推移,爱人共谋式地安排和精心编制着每日的惯常程序,从而破坏对彼此的期望。他们往往会通过这样的努力来假装自己更加安全(即使也会更加悲伤),双方都觉得彼此过于熟悉,可以预测对方的一言一行,因而也觉得对方不那么吸引人了。彼此都用一种人为的、完全可以预测的方式来对待对方,而降低期望这件事也会逐渐掏空激情——没有风险就没有收获。

激情的憎恨源自对自己的羞辱和威胁。因为浪漫会产生希望、渴望和依赖，而个体又会因为希望、渴望和依赖冒着受羞辱的风险，这让爱情必然是危险的。攻击是爱情的阴影，是浪漫激情不可分割的伴生物，也是其必不可少的组成部分。浪漫的降级并不是因为爱情被攻击所污染，而是因为无法维持它们之间必要的紧张关系。由于攻击的有效性与一个人对目标的了解程度成正比，所以在长期恋爱关系中的攻击性要比陌生人之间的关系更加危险。随着时间推移，爱的能力必然意味着容忍和修复憎恨的能力。

5

愧疚和自怜

> 我们在逃亡。我们认为幸福是个地域、阶级或者肤色问题,或者幸福藏在一堆金钱中。我们希望前往幸福所在的地方。蓝调音乐伴随着整个逃亡,它困扰着我们,提醒着我们,就像藏在最喜爱的跑鞋中的一块小石子,或者像皮肤下一根又长又尖锐的小刺,我们本可以识别出它,却又否认了它的存在。我们成了镜子中的逃亡者,而蓝调音乐始终会告诉我们这点。
>
> ——斯坦利·克劳奇(Stanley Crouch)

我们是自己的故事,是对自己身上所发生事情的叙述。不仅仅记忆在维持着我们的个人感,过往有着太多维度,充满着细节。为了拥有自我,我们需要一个主角,这个主角既是一个在主动做事的人,又是一个被动让事情发生在他身上的人。过去需要被组织成一种或几种可供选择的叙事,没有叙事就没有自我。

人生故事可以用众多不同的方式讲述,也可以出于众多不同的目的。有时,人们讲述自己的故事是为了引发听者某种具体的感受——爱慕、兴奋、性唤起、理解或者悲悯。有时，人们讲述自己的故事是为了引发听者行动，为了鼓舞他们——帮助、反对、合作或者服从。当然，每个人都有很多故事可以讲，人的一生充满了各种各样的体验。

对我们中的大多数人来说，向别人或自己讲述那些关于自己的故事，是为了维持"我是谁"的感受。在这些故事中，对浪漫生活的叙述是居于中心地位又反复出现的。为了避免浪漫叙事降级为童话故事（从此之后，王子和公主过上了幸福的生活），它必然会包括痛苦、伤害和丧失。这就是为什么蓝调音乐（曲调忧郁）会成为一种流行的音乐类型。

也许没有什么方法比编制伤痕记录更易确定一个人的身份认同了，这些伤痕是过往伤害的残留和提醒，象征着一个人的独特性。在日常的生活中如此，在浪漫爱情中也一样。荷马（Homer）很清楚这点，《奥德赛》（*Odyssey*）之所以能让当代读者也倍感新鲜并且觉得与自己息息相关，部分原因在于它在身份认同这个主题上的丰富反思，即是什么让一个人成为他自己。谁是奥德修斯？这位特洛伊战争中的英雄在每一次崭新冒险中都面对着一系列不同的环境，并因此设定成为一个有着不同品格的角色。

就像在独眼巨人库克罗普斯（Cyclops）情境中，奥德修斯用隐瞒身份救了自己一命。他告诉巨人："我是'没有人'。"于是，巨人在被弄瞎后于剧痛中尖叫道："'没有人'弄瞎了我。"在塞壬岛情境中，奥德修斯牢牢抓住雅典娜的帮助，维持了自己的身份认同,从而阻止了女妖塞壬把他变成谷仓里的动物——就像对待他的船员那样。后来,他终于抵达了伊萨卡(Ithaca),隐藏好自己的身份,做好了报复妻子珀涅罗珀(Penelope)那些追求者的充分准备。伪装大师奥德修斯把自己变成一名乞丐,但多年前养育过他的仆人还是认出了他——珀涅罗珀让仆人给乞丐洗澡,仆人认出了奥德修斯腿上的伤疤。荷马借此告诉我们,无论是他人还是我们自己,都能从伤痕及生活所造成的伤害中认出自身。

精神分析过程的典型特征,也许是对这些伤痕及生活所造成的伤害的暴露与思量。接受分析者向分析师表达着:"看看我身上发生过什么"——有时是以叙事的形式,有时是通过非故意的、间接的揭露(就像奥德修斯的伤疤那样),还有时是通过分析过程的再现(reenactment),即接受分析者和分析师在不知不觉中重演了旧时那些痛苦的剧情。随着过往和现在伤害所带来的伤痕与伤口的展现,"为什么"这个问题永远不会消失。接受分析者需要下定决心去理解过往、解释现在,以及去指导未来的自己。而"为什么"的答案倾向于坠落至两种相反的极端:"这些伤害是被强加到我身上的,这不是我的错",或者"都是因为我,才伤害了自己或他人"。因此,人生故事就围绕着自怜和愧疚这一坐标轴分类展开。

在一个人对自己爱情命运的浪漫叙事中,自怜以受到伤害的形式出现:"他/她伤害了我"成为核心主题。自怜以这样的方式组织着过往和当前关系中的那些故事:自己过去在爱情中受到了背叛或者抛弃;在当前关系中带着永恒的失望感和被抛弃感,这就是当前的关系。在其他的浪漫叙事中，愧疚意味着背叛，不是被别人背叛，而是被自己背叛——"我是个傻瓜"成了核心主题。愧疚以这样的方式组织着过往和当前关系中的那些故事：过往对方的不忠或缺乏奉献让自己失去了真爱；自己带着一种"我永远配不上或值得拥有一份爱"的感受生活，即使这份爱触手可及，也没有能力获取。

来访者在精神分析中的一个简短插曲，向我展现了个人故事如何以令人惊讶的方式复苏，以及自怜/愧疚这个坐标轴在理解这些故事中的中心地位。

承担责任

埃德(Ed)40多岁，富有魅力、才华横溢。他的父母都是移民，而他是他们唯一的孩子。父母是犹太人大屠杀事件的幸存者，大多数的家族成员都在这场灾难中丧生了。父母长期承受着抑郁症和愧疚感带来的痛苦，把埃德看作"新世界"全部希望的体现，也看作随后而来的失望——失望于自己深深的痛苦和丧失感永远不能得到弥补。在青春期和成年早期，为了从父母那儿独立出来，埃德经历了激烈的斗争，并为自己建构了一种丰富而充实的生活方式。然而，他时常忍受着抑郁和暴怒的痛苦，亲密关系也被童年残留下来的愧疚感"勒"死了。长期以来，他一直担心精神分析会成为另一种缠绕他的陷阱，但最近在生活方面的一些成功给了他勇气来面对童年阴影的恶魔，并开始接受精神分析治疗。下文的情况发生在我们已经分析了大约一年并完成了相当重要的工作后。

埃德是我早晨的第一位来访者。某次他需要紧急预约牙医，于是问我是否可以提前半小时开始分析。我习惯早起，所以这个变动并没有给我带来太大的不便。

那时是冬天，天气晴朗而寒冷，我按照以往的习惯在办公室附近拐角的咖啡店买了杯咖啡，有点心不在焉地朝前走着，对抗着从哈德逊河（the Hudson River）吹来的冷风——直到看到埃德站在工作室前，我立刻意识到自己忘了约定的时间——我还以为早到了5分钟呢，事实上迟到了25分钟。他和我打招呼："你真是恪守惯例的人。""真抱歉，"我说，"我竟然完全忘了。"

埃德于是坐到沙发上，一言不发。我问自己，忘记改期这件事是否和我对埃德的感受有关，是否和我们关系中需要处理的议题有关。重新安排时间会存在一些不方便，但可以忽略不计。我最后断定，真正的问题在于我没有把改期的时间写进预约簿——我几乎没有在预约簿上写过什么，也一直能够记住自己需要做的事。随着年龄的增长，我的记忆力变得不那么可靠了，也越来越多地忘记这类事情。但是，我的自恋似乎阻止了我去使用预约簿，我似乎把预约簿看作记忆的拐杖。这似乎和埃德及他的经历毫无关系，所以我暂停了对自己遗忘的反思。有时，埃德会在治疗开始时花一些时间来评估自己的情绪状态，这往往非常有用。这一天，我意识到我们剩的时间非常少，而谈谈刚刚发生的事情很重要——我将有好几天见不到他，还隔了一个周末。所以我开口道:"刚刚那段时间对你来说一定非常难熬。"

埃德说当意识到我一定是忘了这事时,他感觉"棒极了"。我们经常谈到他把我理想化的需要——他需要把我看成在各方面都很理想的一个人,这样一来,在我的指导下,他也会变得完美。他确实是一个非常认真地在接受分析的人,经历了一些艰难的日子,还觉得自己一点都不好。因此,在这节治疗的前10~15分钟里,他被迫体验到独自等在门外的感受,也感到了巨大的解脱——我把咨询搞砸了,而如果我不完美,他也可以不完美,并且不用觉得自己很糟糕。

然而,工作室外面很冷,"当我觉得屁股都要冻掉时,"他继续说道,"我开始生气了。"我回应道:"我把事情搞砸了,这点挺好,但是如果没有搞砸得这么厉害就更好了。"他在既解脱又愤怒的感受中"待"了一会儿,然后把注意力转到自己典型的自我责难模式上。他指出,他为我出现过失而解脱,这显得他是多么的气量狭小——为什么他对我一直有着这种自我毁灭式的理想化呢?

我开始产生一种既安心又不安的感受——我的过失正在被他"轻轻放过"。我发现自己回应道:"你对我遗忘咨询时间这件事的宽慰和愤怒,对我来说都很重要。似乎这两种感受把我们带到了一种不同类型的关系中,通过退回到你的自我责难中——即责难自己对我的理想化——我感觉你正在轻柔地免除我的过失,并把我们俩都重新塞回原来那个更加熟悉、更加舒服的角色中。"当我说这句话时,我惊讶于自己选择了"塞"这个词,这有点古怪。然后我联想起埃德曾经讲过的他童年的一个故事。

小时候,埃德经常花大量时间做关于第二次世界大战的白日梦,有时晚上也会做这样的梦。梦中会反复出现这样的场景:父母和其他亲戚正困于险境,而埃德英雄般成功实施了救援行动——救出了他们,也救出了自己。睡前,他喜欢玩一个游戏,即把自己裹在被单和毯子下"密封"起来。他会静静地让自己渐渐窒息,直到最后一秒才会掀开被子,大口喘气。我发现这个故事让我很辛酸,也意识到它与我的描述有关,埃德把我们两个都"塞"回到惯常角色中——我被假定为一个理想的典范,而他被假定为一个有缺陷、感到愧疚、有责任心的人。

埃德回应了我他对"轻轻放过我"的看法,我也分享了我对窒息游戏的联想。他注意到,要么把他自己或者我看作英雄典范,要么看作彻底的失败者,除此之外别无他法。我们谈到他的家庭是如何从绝望和苦恼的角度来定义关怀,从牺牲和高度紧张的角度来定义善良。我指出,他父母充满激情地卷入理想化中,让他成为他们想要的儿子,但很少真正了解他到底是什么样的人。我的心中浮现出一种可能:遗忘也许是我的逃避方式,逃避成为那个完美到令人窒息但又不得不被安排去担当的角色。他把那个可以在英雄典范和彻底失败者间做出选择的世界描述为"无人之境",也很难长时间停留在这样的地方。后来,埃德不得不去看牙医了,这节被缩短的治疗就这样结束了。

几节治疗后,我给了他治疗费用的账单,埃德开始谈论对治疗费用的愤怒。我不太清楚该如何处理那节缩短了的治疗(约是通常治疗时间的三分之一），所以收了三分之一的费用。埃德对我的这个决定非常生气，他觉得考虑到我忘了咨询，考虑到他在工作室外面"冻掉了屁股"，我根本就不应该向他收费。我的做法看起来气量狭小，非常不慷慨，似乎也反映出我没为自己的错误承担责任。难道我觉得他等那么久这件事并不重要吗？他曾经认为我有责任心、有关怀心、亲切、慷慨，还有其他各种各样的理想品质。但是现在我正变得令人厌烦，也确实令人失望。

我们花了相当多时间来探索埃德的反应，我也同时默默地在脑海中四处"奔驰"，想弄清楚自己对他的激烈攻击是什么感受。起初，我觉得自己思考的进展缓慢。我当然觉得自己不寻常的迟到行为很糟糕，而且不直接免除这三分之一的治疗费用确实显得我气量狭小。我记得自己曾经短暂考虑过免除费用，随后又否定了这个想法，但也没有想清楚理由。我觉得我欠他一个说法，于是开始解释为什么我决定收那节部分治疗费用。当开口时，我不能完全确定要说什么，但我很有信心，无论事情走向何方，都将会是有意义且重要的。

我说自己一点也没有轻率地对待迟到——我一直为此感到抱歉。然而，我没有仔细考虑过不去收费，也不确定为什么没有这样做。钱本身并不重要，对我们两个来说似乎都微不足道，把它抛之脑后也轻而易举。但是似乎对我来说，不收费意味着我将一直安抚他、收买他。我好奇于他的感受，他认为处理愧疚的恰当方式是一方做出修复的姿态，这使得我们处理愧疚的方式形成了对比。对埃德来说，愧疚需要补偿，即使只是象征性的补偿——某种形式的道歉和修复会使得事情恢复正常,并为原谅铺设了台阶。没有做出这样的姿态,意味着对责任的逃避,也意味着缺乏悔恨之情;对我来说,愧疚的主要特征之一是它令我难以承受。不承受的方法之一是去忏悔或使用仪式来消除——好比我们教孩子说一些似乎有奇效的用语,比如"请""谢谢"和"对不起"。埃德最终开始相信,这些用语和姿态本身并没有多大价值,当感到被其他人不公正对待时,埃德更愿意这些人会花些时间思考为什么他们要这样做,以惩前毖后,而不是只做出悔恨的姿态。我觉得不收埃德费用的做法是不负责任的,会使我理所当然、轻而易举地就从"我很抱歉"转变成"我很宽宏大量"。

正如精神分析过程中那些最有用的事情一样,有证据表明探索彼此间的互动所带来的涟漪式联想比达成任何决定都更重要。从很多方面看,那段治疗插曲涉及的议题是埃德与父母斗争的缩影,也是在他与女性浪漫情感卷入中居于核心位置的重复主题。

痛苦和愧疚间确切的关系是什么?埃德的父母要求他修复他们过往的失败,也要求战后德国政府进行正式赔偿,这两者之间的确切关系又是什么?一个人如何逃避愧疚又如何能更好地承受愧疚——这个摆在我们面前的议题推动了一个令人惊讶的进展:埃德的痛苦与受伤和我的愧疚间的密切关系。他原本可以在发现我忘记治疗时间后就直接离开的,从某些方面来说,他非凡的责任心以及为之而付出的痛苦引发和决定了我愧疚的程度,他的痛苦也和某种微妙的自怜编织在一起。

几个月后，埃德的母亲责备埃德让她痛苦，因为埃德没有询问母亲见医生、做检查后的情况——可是他甚至都不知道母亲去看了医生。这又提供了一个契机，让我们重新回到他在那个寒冷早晨等候在工作室门外的话题。随着详细阐明他复式记账式*情感系统的细节，我们更加清楚地理解了为什么建立与我相关的"信用"对他很重要。我曾做过一件让他痛苦的事，而在我这里遭受的痛苦越多，他就越能保护自己免受我未来的攻击。在他的想象中，未来我可能会因他带给我的痛苦而攻击他，并使他愧疚。我们后来发现，这种复式记账式情感系统是埃德与女性间浪漫关系不知不觉拉开固定距离的关键原因。随着仔细记录和收藏伤害及其后果，激情和欲望就退回到舞台之后。

零和博弈

愧疚和自怜通常有着复杂的关系。有时它们会一起被锁定到一种零和博弈中：一方越多，另一方就越少。夫妻经常会在其最厌憎的争斗中创造这类互补需求，共同谋求这种关系。浓烈的激情需要复杂精细的互惠关系，每个人都既是对方迟钝和残忍下的受害者，也是有意或者无意给对方带来痛苦的主观加害者。

---

* 即当每笔交易发生时，交易相关的两个（或以上）账户同时记录同等金额的方法。比如，交易的其中一方账户记录为"支出1元"，交易的另外一方账户记录为"收入1元"，这里形象地说明了埃德的关系模式，比如每当治疗师使他痛苦，那么他和治疗师之间就会增加一笔相应的情感债务记录。——译者注

在夫妻争吵的原型中双方都强调自己受到了伤害,并降低自己施加的伤害,充满了精心修饰的自怜和闪躲逃避的愧疚。"零和"这个前提假设,注定了这种争论是徒劳无益的。每个人都觉得自己的痛苦是真实的,双方共同认定自己该为另一个人的痛苦愧疚,假定自己对其负有某些责任,也等同于放弃了去要求另一人对自己有所悲悯、承担责任。逐渐摆脱零和假设的能力,可以使夫妻双方解决这类争论。每位成员都需要能试探性地承认双方既是受到伤害的对象,也是施加伤害的主观加害者。或者用阿尔贝·加缪(Albert Camus)的话说,既是受害者,也是刽子手。每个人的痛苦都是真实的,都需要被承认;每个人的过失也都是真实的,都需要承担责任。

自怜和愧疚也可能被封锁进单独个体的头脑中,成为一场零和游戏。在虐待或混乱的家庭中长大的孩子,会因为过于恐惧和痛苦无法接受现实。他们不可能接受这样的假设——自己是受害者,因为他们承受着如此多的肆意虐待和本不应有的痛苦,这让他们不得不推测自己是有罪的,并围绕这种推测建构对这些体验的叙事。让他们真正地悲悯自己,直接面对"我的处境毫无希望,毫无可能改善"的事实,这是他们更加无法忍受的。他们深信,一定是自身的罪恶导致了照料者的虐待,如果自己是良善的,这场噩梦就不会发生。

因此,人为的愧疚感可以用作一种心理防御,阻碍产生更加真实的、指向自身的自怜感。同样,人为的自怜感也可以作为一种心理防御,阻碍产生更加真实的愧疚感。在这些情境中,人们详细阐述自己之所以受到伤害是因为落在了别人手中,并把这种阐述用作先发制人的防御,以避免为自己的过失承担责任。

悲悯和愧疚都是浪漫主义叙事的根本特征。前面章节中探讨了依赖和攻击是欲望不可避免的伴生物,依赖受到阻挠会导致自怜,而考虑到我们对浪漫爱情的终身渴望,依赖总会在某种程度上受到阻挠,即使是在最令人满意的浪漫关系中;攻击指向爱情时会导致愧疚,而浪漫爱情会产生强烈的脆弱感,因此攻击总是会接近爱情。

自怜和愧疚都有多种形式,区分这些形式是很棘手的。一直以来,精神分析文献很少对自怜进行阐释,但对愧疚有很多观点。愧疚的基本取向是由弗洛伊德设定的,随后被梅兰妮·克莱因革命式地改变了。因此,我们将搜索精神分析的思想世界,从他们对愧疚感起源和本质的理解开始,思考愧疚在浪漫体验中的位置。

精神分析对愧疚的描述

愧疚在弗洛伊德对人类困难的理解中居于中心位置,无论是神经症困难还是更普遍的困难。在弗洛伊德看来,心理生活是双相位的。在我们所知晓、记忆的生活之前是另一种更早期的童年性存在生活,并且被婴儿时期的遗忘所遮蔽了。那种生活是既奇妙又可怕的,是以身体为中心的,并且充满了多种形态的反常性存在以及离奇的攻击。对每个孩子来说,更早期的生活都会在重演悲剧的俄狄浦斯这个角色中达到顶峰。性野心导致我们时而对父母"充满欲望",时而策划"谋杀"他们,每个人都牵涉进心理上最可怕的罪行——乱伦和弑亲,每个人都通过对惩罚与报复的害怕以及对那些禁忌冲动假设出的愧疚成为一个社会化的、有责任感的人,即所欲求和憎恨的外部客体被良知与监控者等内部客体取代,压抑的黑暗笼罩了更早期的生活。

对弗洛伊德来说,愧疚感是让我们从野蛮人上升为文明人的关键。俄狄浦斯式愧疚感的缺失会导致社会病态*,这是最具危险性的性格病理特征。丰裕的俄狄浦斯式愧疚感会导致神经症,神经症患者会无意识地精心"安排"一些症状,同时为婴儿性愿望提供表达和惩罚。过度丰裕的俄狄浦斯式愧疚感会导致歉疚,也就是弗洛伊德所说的"消极治疗反应"。神经症患者寻求精神分析来获得解脱,却不能允许自己从中受益。由于他在无意识中自认为是俄狄浦斯式的罪人,所以会觉得自己不值得帮助,自己的罪行是不可饶恕的。

20世纪30年代以来,梅兰妮·克莱因对精神分析思想产生了巨大影响。她是出生于维也纳的英国分析师,为弗洛伊德对愧疚感的描述增添了一个强有力的新维度。对克莱因来说,愧疚似乎并不像弗洛伊德所认为的那样出现在5岁或6岁期间——也就

---

* 原文为sociopathy,一种病理性的人格特征,主要表现为良知的缺失和反社会的态度与行为,类似于反社会人格障碍,但又略有不同;它更强调这是一种内在心理结构的缺陷,而反社会人格障碍则更强调可观察的认知、情感和行为模式。——译者注

是俄狄浦斯阶段的顶峰——而是在更早的时期,在婴儿与乳房尚处于前俄狄浦斯关系时。克莱因关于婴儿心理状态的观点比弗洛伊德的观点更加黑暗、更加令人不安,她认为婴儿的心理状态被强烈而狂怒的谋杀欲望和精神病性焦虑主导。但是,婴儿也爱乳房以及它产出的乳汁。因此,克莱因的婴儿在两个方面徘徊:一方面是卑贱的渴望与深切而炽热的感激,感激那可得到又令人满足的乳房所具有的卓越美德;另一方面是狂怒且憎恶的毁坏欲,毁坏那不可得到又令人不得满足的乳房所具有的残忍和恶毒。因为这两种体验是如此的不可协调,婴儿最早几周都处于克莱因称之为"偏执分裂位"的心理组织中。事实上,在这种心理位相中有两种乳房——一个好乳房和一个坏乳房,一个乳房是爱的客体,而另一个乳房是憎恨的客体。

克莱因认为,这两种乳房及其代表的两种背道而驰的母爱体验会逐渐地整合在一起。克莱因把这种非常困难又不稳定的心理成就称之为"抑郁位",在这种心理位中,婴儿爱且恨着同一个客体。当这个("完整的")客体令人满意时,它的乳汁使婴儿由内而外地感到充满了爱与安全,从心底被唤起了最深沉的爱与感激;当这个("完整的")客体令人不满意时,婴儿只能任由自己的饥饿感支配或觉得消化系统被破坏而不是被抚慰,并会被彻底的、最不可饶恕的暴怒压倒。在婴儿的幻想中,这是他唯一知晓的现实,他摧毁了那个辜负了他的("完整的")客体,也突然发现自己被剥夺了一切。在无法控制的、复仇式的反击中,他已经摧毁了自己的世界中那些爱与良善的本源,使自己成了孤儿，使自己的世界变得荒凉。

克莱因最伟大的成就之一，在于她描述了一种"修复"的强烈愿望，这种欲望出现在这场自我造就的、世界末日般的大毁灭中。婴儿意识到，他带着恨摧毁的客体也是他深爱的客体，他被深深的懊悔和愧疚牢牢抓住。对这时的婴儿来说，幻想是他唯一知晓的现实。在幻想中，他拼命地修复着这个他既恨又爱的（"完整的"）客体，修复着这个让他满足又让他挫败的客体，他必须阶段性地时而摧毁又时而重建这个客体。在克莱因看来，儿童由愧疚感驱动的爱之修复与恨之破坏间不断转换的平衡，是决定童年时期及随后成人时期情感生活的关键因素。如果恨太强烈，而对自己修复能力的信任十分微弱，那么与完整客体的联结就无法维持，从而退回到偏执—分裂位的世界中。现在，又出现了两种客体——全好客体与全坏客体，爱与恨得以安全地彼此分离。但是在偏执—分裂位的世界中（用现在的诊断术语来说即"边缘性人格组织水平"来访者的世界中），自我与他人更完整的人性无法被同时容纳。对弗洛伊德来说，俄狄浦斯式的愧疚感从童年后期进入人类文明的大门；对克莱因来说，婴儿的前俄狄浦斯愧疚感是使人类之爱成为可能的核心发展成就。

传统精神分析对愧疚感的这些描述具有叙事力量和临床丰富性，它们也有两个共同的特征，对精神分析师运用它们的方式产生了重要影响。受愧疚感支配的个体认为自己应当承担的罪行发生在童年早期，在遥远的过去；而同样重要的是，这些罪行实际上从未发生过。

因此，在大多数传统精神分析的观点中，来访者处理愧疚的方式大致如下：来访者开始意识到在许多基本方面自己的内心存在矛盾，他们通过症状或适应不良的性格特征刻意阻碍着自己的抱负心。这源自愧疚，而愧疚可以追溯至婴儿与儿童时期各种想象中的罪行。来访者逐渐意识到，儿童时期自己受幻想驱动，并将这些愿望等同于真实的行动。他们曾经想乱伦和弑父、想去摧毁令人沮丧的乳房，但是并没有真的去这样做——但像真的做了一样来惩罚自己。因此，来访者在精神分析治疗中开始逐渐原谅自己想象中的罪过，开始逐渐认同自己可以少负一些责任。当成了成年人，他们会原谅曾经作为孩子时那些从未实施过的罪行。

美国精神分析师汉斯·洛瓦尔德（Hans Loewald）引进了一种不同的解读。洛瓦尔德认为，"童年愧疚感仅仅源于孩子头脑中的幻想"这个观点是错误的。洛瓦尔德从代际斗争的角度来看待俄狄浦斯情结，认为儿童必然会杀死父母身上的某些东西，这不仅是在幻想中，也是在现实中。年幼的儿童需要被全面照顾，因而在儿童体验中，父母通过这种提供充满爱意的养育变得鲜活起来，他们是特别重要和珍贵的。但是，持续成长着的儿童需要放弃这种关爱，需要"杀死"这样的父母。无论看到自己孩子成长时有多么高兴，父母都不可能轻易放弃更早发展阶段必然包含的快乐和责任。父母总是充满着矛盾地退出孩子的每个发展阶段过程，并且这个退出并不简单优雅。儿童也需要为带来自身解放的自由而斗争，他必须在推开父母的过程中尽一份力。因而谋杀带来了愧疚感，而承受这种愧疚感是心理成长过程的一个重要部分。

相似地，成人时期的浪漫渴望产生了脆弱和依赖，而脆弱和依赖又产生了朝向欲望对象的、真正且成人式的攻击。爱充满了冒险，不仅在儿童时期如此，在人生所有节点都是如此。成年时期的爱不可避免地会伴随着攻击，攻击又激起了愧疚感。并非所有的愧疚感都能够被有效还原为俄狄浦斯期或前俄狄浦斯期那些真实的或想象的罪行，在这一点上我从另一个来访者威尔（Will）那儿学到了很多，威尔因自己无休无止的愧疚感寻求精神分析治疗。

作为庇护所的愧疚

威尔遭受着噩梦的折磨。他40多岁，是一家公司的高管，承担着相当大的责任。他担心犯错，担心忘掉重要的事，担心因自己疏忽或做了错误决定伤害到别人。在噩梦中，他深陷业务困境，发现自己曾经忽略了一些至关重要的东西，并因此导致了灾难性的后果。这些梦严重干扰了他的睡眠，第一次来治疗时，他看上去就像几个月没睡过觉一样。

威尔在美国南方一个基督教亚文化中长大。虽然他不再那么信奉宗教，但一直保留着对成长过程中习得的价值观的深深信奉。他在很多方面都很有原则，我很钦佩这点。他也不信任精神分析和大众心理学文化，尽管他们夫妇在纽约的许多朋友都曾经接受过各类治疗。威尔倾向于认为心理治疗是一种自我沉溺，觉得关于无意识的大多数讨论都是某种形式的自我欺骗。但是他不能理解这些令他遭受痛苦的忧虑和噩梦，于是小心翼翼地决定尝试一下治疗。

威尔探索着这些噩梦的现象学方面的意义，以及噩梦所描绘的世界的意义。在这个过程中，他发现自己一直忧虑于在万物初始时不能参加某些重要事件的情形，这些情形也是富有戏剧性的。他认为这些重要的事件对他的成年生活具有决定命运和塑造形式的作用。

在威尔的记忆中，他的童年非常快乐，成年早期也相对顺利且成功。在20多岁时，他和爱人盖尔（Gail）结婚了。在盖尔怀孕产子前夕，威尔开始和办公室里一位名叫琳达的女性调情并慢慢发展成了婚外情的关系。起初，他没有把双方心理上的相互吸引付诸行动，但在随后一点一点地卷入了更多。对他来说，和琳达在一起这件事有着异乎寻常的吸引力。他很惊讶，自己既获得了这段婚外情，还对婚姻在事实上没有任何影响。威尔意识到自己深深地、带着激情和危险地卷入了这段关系，他尝试断绝婚外情，希望回归婚姻，但无法停止对琳达的想念。每次他都下定决心不再去见琳达，但最后都失败了。而当和琳达幽会时，他也越来越担心在自己失去联系的这段时期，妻子和儿子会发生一些可怕的事。这就是梦中那些感受的起源，而如今这些感受折磨着他。

威尔开始意识到他并不真的认识自己，而这让他痛苦万分。

在最后一次放弃琳达的努力失败后,他决定离开妻子。他感到非常痛苦,觉得自己是在犯罪,但也觉得无法继续维持婚姻了。他在自我锻造的孤独炼狱中困了好几年,不允许自己和任何女性在一起。最终,琳达向他提出了最后通牒——要么娶她,要么结束关系。在这一外部强制威胁下,威尔终于能够和琳达一起创造新生活。他们结婚了,有了两个女儿——他仍然爱着第一个孩子,也是个负责任的父亲。更重要的是,他的第二段婚姻比第一段更有激情,也能吸引他更加彻底和深入地投入。尽管如此,他仍被愧疚感折磨着。

威尔觉得自己对盖尔和儿子所做的事是不可原谅的,这种感觉从来没有停止过。他背叛了自己曾经带着绝对真诚信仰所做出的结婚誓言,深深地伤害了妻子,也让儿子的早年生活变得复杂而艰难。这一切纯粹是出于他自私的动机——性欲,他假定了一种圣经的基调来描述自己的生活:"我曾经从恩典中堕落,而我罪大恶极"。我们越深入地探索他的生活,就越清楚地认识到他在20多年前的那次"堕落"是塑造情绪体验的核心事情。虽然他爱琳达和两个女儿,但在内心秘密地觉得第二段婚姻是不真实的——是罪行和谎言的恶果,就像沙子建造的城堡。在和前妻打交道时,他一直把她看作一个受害者——即使盖尔已经再婚,并且生活得也挺幸福;即使在任何人看来,他们的儿子过得都很快乐,但威尔依然认为自己曾经对家庭的抛弃造成了永远无法治愈的伤口,受害者仍然流血不止。

因此,在离婚协议中,威尔给了盖尔比她所要求的还要多的东西。随着时间的推移,在有关儿子事宜的协商中,威尔总是不断让步。盖尔是独生子女,而威尔有许多兄弟姐妹。威尔觉得所有重大节日儿子都应该与盖尔以及盖尔的父母在一起,因为若儿子缺席他们会很痛苦。因此,威尔的儿子很少花时间和威尔的大家族待在一起——这是个有许多叔叔、婶婶和堂兄妹的一大家子,富有而快乐。

当我们探究这些情况背后的微妙假设时,威尔很明显坚信自己根本没有任何权利。盖尔随时都有可能提到威尔的抛弃,而且她的确会不时提起这件事,威尔随时都会为此感到愧疚。威尔觉得,如果他非常善良和慷慨,更加尽心尽责,并且继续"受苦",那么也许某天盖尔会原谅他。当然,实际上她从来没有因此原谅过他。在协商让儿子去哪过假期时,威尔一直把盖尔家晚餐的画面想象成狄更斯《圣诞颂歌》(*A Christmas Carol*)中小蒂姆去世后的场景——卡罗尔和她父母围着桌子而坐,旁边有一把空荡荡的、属于儿子的椅子。如果威尔坚持让儿子花些时间陪伴自己,那么"使椅子空荡荡"的责任就是他的。正如狄更斯在另一本小说中描述的,赫维香小姐(Miss Havisham)的表好像停了,时间冻结在了犯罪的那一刻。

威尔憎恨当代文化里轻易的心理化过程,憎恨这样的政治人物——对选民和亲人做了可怕的事情,但在揭露自己内心的鲁莽后得到了公众原谅,这些人赞扬自己的诚实坦白,并请求选民继续支持。他认为心理学为人们提供了一条简单而不诚实的出路:"当我还是个孩子时,我受到了创伤——被虐待和被抛弃。我很委屈，我的无意识让我在之后做了这些事。"威尔认为精神分析是危险的——当然也包括我们的治疗工作——在他的想象中，精神分析提供了一种使他轻松地摆脱这个困境的方法，但他坚定地相信自己犯下了某种可怕的罪行，且不想为自己的罪行购买一份自我欺骗式的赦免。

威尔说，当代公共生活中存在着典型的不负责任的做法和轻易的自我赦免，我赞同他在这方面的大多数观点。我钦佩他的诚实和对自己的高标准，但我也觉得他已经承受了足够多的痛苦，这种自我折辱（self-indulgent）中存在某种自我沉溺。威尔认为我对他愧疚感的看法是危险的，会诱使他进入自我原谅，而他把这种自我原谅体验为自我背叛。在几个月的时间里，我们讨论了他生活的各个方面，但不断回到他的愧疚感，回到他反反复复的自我谴责上——他似乎在这个问题上陷入了僵局，而我也是。当我意识到（并且找到了一种使他也对此好奇的方法）他的愧疚感是如何持续惩罚着他时，一个突破口出现了：愧疚感不仅惩罚了他自己——他认为自己应该受到惩罚——也惩罚了他周围的那些人。我好奇他儿子长大后认识到自己被剥夺了成为父亲那边大家庭一分子的权利时，会有什么感受。而威尔虽然努力抚慰着盖尔，但牺牲了儿子人生体验丰富性的潜在来源。他还牺牲了琳达，在某种更深层的意义上，威尔永远不能把自己当成她的合法丈夫来与她相处。还有他的两个女儿，他非常关心她们，但很难不带冲突地做她们的父亲。我们开始认识到，他无法与自己更早期的"罪行"和解，而这一"罪行"又使他和所爱的人们卷入一种持续的、具有破坏性的关系模式。这就好像他用自我折辱竖立了一座祭坛，并用现在的关系献祭。

威尔的愧疚感存在一种神奇的、近乎妄想的维度。尽管现实情形已经改变了，但威尔还是拒绝和解。他一直渴望得到一种能消除所有伤害的原谅，也不能接受丧失自己的理想形象，虽然这个形象已经被他毁坏了，他想重新使它完整起来。让我们俩都非常惊讶的是，威尔看起来是世上最有愧疚感的人，但实际上他一直想方设法拒绝真正承受自己的罪责。他的抚慰和自我惩罚，都是为了消除自己行为的后果——他就是不愿意接受这些后果。因此，尽管他似乎承认了自己的罪责，但是这些自我施加或安排的惩罚通常只会分散他对这些愧疚感的体验，实际上他难以承受这些愧疚感。

悲悯和自怜

愧疚和自怜会让人误以为这只是个简单的感受。我们倾向于把感受仅看作一种存在，一种纯粹的、不请自来的、不复杂的情绪爆发，但是愧疚感和自怜感实际上源自我们看向自己时采取的复杂态度。体验到愧疚感和自怜感时，自我都会出现分裂，即自我的一个部分假定了对另一个部分的某种态度——体验愧疚感时会谴责自己，体验自怜感时会同情自己。愧疚感和自怜感出现的根源是我们和自己间拥有着一种具体的多面向关系，在这种关系中我们既是主体又是客体。精神分析学家一直以来把这些关系称为"内在客体关系",并把它们看作所有体验的深层结构。这种潜在关系结构使愧疚感和自怜感实际上非常复杂。

在所有人类情绪中,我们对悲悯的态度也许是最矛盾的。音乐、艺术和文学中的悲悯是一种非常有力量又极有价值的品质,它增强了我们的人性。朝向其他人类的强大悲悯能力和同情一起被认为是一种美德,亚里士多德把悲悯定义为"一种痛苦,发生在……存在显然的罪恶时,这种罪恶是有破坏性的或会带来痛苦,它属于某个不应当遇到它的人——这个人可能预期自己或者某个家庭成员会遭受这种罪恶"。玛莎·努斯鲍姆(Martha C. Nussbaum)在探讨亚里士多德对于悲悯的概念时强调,亚里士多德认为悲悯对象不应当遭受降临在自己身上的罪恶,而这解释了悲悯和愧疚之间的互补关系:"悲悯对象的善良(被相信)……增强了这样的信念,即这些痛苦是不应当的。这种不应当的痛苦引发了不公平感。"正是由于这个原因,他们唤起了悲悯。对莎士比亚来说,悲悯是人性的表达,它调节了我们内心野兽般的野蛮之情:"没有一种野兽可以在如此残暴的同时感受到悲悯。"而《爱的悲悯》(*The Pity of Love*)把悲悯定位于爱最深层的隐蔽之处:"悲悯超越了一切言说,隐藏在爱之心府。"

然而,悲悯是件棘手的事。"悲悯(Pity)"通常被用作"共情(compassion)"的同义词,但是它们有着不同的内涵。"共情"指的是认同——感受上的认同。发生在你身上的事也发生在我身上,我知道你如何感受,我曾经也如此感受过。正如亚里士多德指出的,悲悯假定发生在你身上的事也会发生在我身上,倘若没有好运气我也会和你一样,虽然迄今为止我们有着不同的命运。因此,悲悯维持着认同与分化之间的张力,维持着共有脆弱性与不同命运之间的张力。

我们始终不变地偏爱于成为悲悯他人者而非被悲悯者。我们担心,表达悲悯的人会享受优越性所带来的秘密满足感,甚至也许会享受微妙的施虐感。成为悲悯的对象同时不感到被贬低,不感到凄凉,这挺难的。因而我们会被那些主动引起悲悯的人推开,唤起悲悯和操纵悲悯只有一线之隔。在布莱希特(Brecht)的三便士歌剧(Threepenny Opera)中,"皮查姆的乞丐之家(*Peachum's Establishment for Beggars*)"的存在带有讽刺意味,它的老板乔纳森·耶利米·皮查姆(Jonathan Jeremiah Peachum)说:"有那么少数几件事会让人们产生悲悯,但麻烦在于当反复几次后,它们就不再起作用了。"

我们通常认为,从本质上来说自怜是一种堕落。自怜的问题在于,它是一种私密的安排——我们既是悲悯者,同时也是被悲悯者。尽管悲悯(对他人)的能力使我们感到生命丰盈,但是处于被悲悯者的状态近乎身份的降级。在自怜中,我们同时扮演了两个角色,这使得悲悯与自怜之间的关系有点类似与他人做爱与自慰的关系。我们通常会不安于自我沉溺的倾向,皮查姆指出:"没有人'相信'自己的痛苦,如果你肚子痛且把它说了出来,这听起来只会令人厌恶"。

使自怜受到怀疑的特征之一,是它和隐晦的指责有着紧密的联系,这个指责朝向着那些带来痛苦的他人。正如埃德计算了在我咨询室门外寒风中等待的每一分钟一样,详细阐述自己的痛苦有时是为了给那些让我们感到失望和背叛的人记上一笔,从而对抗他们。权力有时会被授予受害者,既在现实世界中,也在自己的心理世界。把自己的失败和缺陷当作父母失败的"纪念碑"(通常也是真实的),是心理治疗的建设性使用过程中一个常见障碍。然而,对自己悲悯的能力,承认并接受自己的痛苦是真实的、辛酸的、有时是不公正的,是重要且有建设性的。自感悲凉代表着终于接受了在面对生活许多方面时的相对无助感。威尔缺乏同情自己在第一段婚姻中自我理解的限制的能力,这和他压倒一切的愧疚感并存。我们逐渐认识到,他的儿童时期并不像记忆中的那样美好,他感受和认识自己的范围曾经被缩减了。他在第一段婚姻中带着绝对的真诚和信仰许下了结婚誓言,但是忽视了自己的激情冒险特征。这些特征后来逐渐出现了,让他大吃一惊。他仍然有许多懊悔,但对自身处境的同情日益增长。这并没有消除他的愧疚感,但是能帮助他更少陷进无法承受自己愧疚感的无能中。

我曾经有一位中年女性来访者,她从青春期开始患有厌食症,至今仍然遭受着各种躯体症状和疑病症的折磨。她对自己的家庭生活几乎没有任何记忆,但我们知道一定有某些非常严重的事情发生过,而她在饮食方面的无能表达了她对自己家庭的某种感觉——她的家庭给她一种不能维持和涵容生活之感,但是她丝毫不知道曾经发生过什么。几年前,她在翻看父母的物品时偶然发现了一幅自己小时候的画像,这幅画像让她感到恐惧。作画的画家已经出名了，这幅画也非常贵重，但是她难以忍受这幅画的存在，于是把它还给了画家。这幅画像捕捉到了她儿童时期一些痛苦的东西，作为成年人，送还的行为相当于对曾经的痛苦的回避。在还是个儿童时，她没有能力去面对这样的痛苦。而那些不能承认和思考的东西转变成了身体上的痛苦和无能。朝向自己的悲悯是一种自我哀伤，它允许自己接受这种心理上的自画像。

悲悯和愧疚的降级

悲悯和愧疚都通过两种形式出现。一种形式丰富着我们，也是影响心理成长至关重要的因素。在另一种形式中，我们把这些感受降级为自己私密而静态的体验，并通过这种安排把自己阻挡在那些新颖但也因而可能具有风险的体验外。真正的悲悯必然意味着带着同理心接受自己的痛苦，这些痛苦是由超出自身控制的外在事件和力量导致的。没有了悲悯的体验，就是在欺骗自己，否认自身的有限性、局限性以及终有一死的命运。我们对自己生活的控制是有限的，但是接受这点很困难。我们也许可以创造一个术语"怜惜（pitifulness）"，真正的悲悯总是在"怜惜"的边缘上下摆动，表现为受害者心理和自怜。在这种情况中，自我成为超出控制力量的作用对象，使得悲悯滑向了"自己是受害者"的主张。我们主动策划行为以唤起悲悯，而在这里的情况中，悲悯来自我们自身。

同样，真正的愧疚必然意味着接受责任，接受自己曾给他人（和自己）带来了痛苦且需要承担责任。没有了真正的愧疚感体验，我们就无法冒险去爱，无法允许自己去享受成功和快乐，因为我们对自己的破坏性十分恐惧会太过巨大。我们也许可以创造一个术语"罪恶感（guiltiness*）"，用来与愧疚感相区分，它会使个体在永远不会结束的内在自我保护交易中不断去赔付。如果真正的自怜感之所以难以忍受，是因为它意味着我们需要接受自己对这个世界只有有限的控制力，那么真正的愧疚感之所以也难以忍受，是因为它意味着我们需要接受对自身也只有有限的控制力。我们伤害了所爱之人，而伤害是不可逆转的，就像时间一样。

在真正的愧疚感和悲悯感中，我们不会有意识地尝试任何事。我们会觉察自己而产生悲悯，或会考虑自己的行为带给别人的后果而产生愧疚。除了这些感受，我们什么也做不了。我们承受着这些感受并继续前行，增长见识，丰富自己，随后邂逅下一段经历。多重自我的本性允许我们拥有不同的自我状态和观点——有时同时拥有，有时相继拥有。也许我们会感到悲伤和哀痛，因为曾经经历过他人的背叛、失去了爱情、被抛弃和感到失望，但仍会对圆满的爱情和逐渐浮现的新机会保持开放；也许我因背叛他人感到深深的懊悔和愧疚，但是我仍然对第二次机会

---

* guilty和guiltiness是同源词，它们都有因自己的错误或者罪过而责罚自己的意思，但guiltiness比guilty的程度要严重很多，本书统一将guilty翻译为"愧疚"或"愧疚感"，而将guiltiness翻译为"罪恶"或"罪恶感"。——译者注

和新的可能性保持开放。

相反，在自怜和罪恶感中，我们一直在试图做些什么，而这些努力把我们固定在了一个静态的位置。作为受害者这个角色时，我陷入了持续的自我感动甚至悲悯自己的过程；作为有罪责的施害者时，我陷入了持续的"赎买以赦免罪责"的过程。悲凉和愧疚使我们感到无比脆弱，要一直把它们找出来，置于幻想出来的全能控制下。我们围绕自怜和愧疚，制造了一种静态的、私密的状态，把自己封闭起来，不再参与一个也有他人存在的世界。这个世界有着巨大的风险，当然也有着巨大的回报。所有的浪漫激情都掺杂着悲悯感和愧疚感。卡森·麦卡勒斯（Carson McCullers）认为悲悯源自恋人的孤独感，恋人在过去一直对当前的欲望有着渴望和憧憬，这种过去的体验增添了当前欲望的深层内涵，可是很难在当前欲望中得到满足。愧疚感源自恋人在某种程度上不可避免的消极信仰，因为爱总是会掺杂着攻击和报复的幻想。悲悯和愧疚太难以承受，导致了一种风险，让浪漫爱情的叙事降级为自怜和罪恶感。

悲悯和自怜、愧疚感和罪恶感，不仅是私密的心理感受或状态，也成了我们和他人交流自身体验的模型。自怜与罪恶感就像是悲悯与愧疚感的孪生兄弟，只不过更具毁灭的特征。如果希望做出区分，那么倾听者会处在最有利的位置，能够描述倾听过程中自己感受到的痛苦。悲悯和愧疚感对倾听者没有任何"要求"，仅传达了一种在痛苦中成长的感受、一种可以分享的脆弱感，而自怜和罪恶感则传达了一种或微妙或直白的人际胁迫感。

倾听者被轻轻推到一种要么需要去安慰对方("你做的真没那么糟糕""你真的不像你想的那样给别人带来了那么多伤害"),要么需要与对方共谋("你应该为犯的错受到责备和惩罚""他们真的把你害惨了")的境地。

在早期,浪漫关系得以建立的部分因素源自对过往爱情故事的叙述:你过去很坏,但和你的恋人相比,我会原谅你;你曾经做了错事,但是和你的恋人相比,我会拯救你。这些叙事对关系双方有着很大的吸引力。但随着时间持续,人们不可避免地会开始共情过往被"邪恶化了的"恋人,更少渴求去原谅或者拯救对方,更多地鼓励对悲悯和愧疚感的容纳。

在最原初的悲悯和愧疚感中存在一种尊严感,这种尊严感也让蓝调音乐成为一种既感人又强大的表达形式。蓝调音乐发展了一种特别深刻而丰富的悲剧敏感性,讽刺的姿态位于其核心地位,歌手通过这种姿态来严肃地看待自己,但同时又不会过于严肃。文化和音乐评论家斯坦利·克劳奇(Stanley Crouch)说道:"从根本上来说,蓝调音乐是一种反抗自怜的音乐,甚至直白地嘲弄自怜。歌手鄙夷所有试图躲闪责任的自欺行为,哪怕所躲闪的只是一部分责任。"正是这种典型的讽刺,既允许我们在不把自己描绘成受害者的同时悲悯自己,悲悯对关系命运有限的控制能力;又允许我们在不自我折辱的同时坚守自己对过失的责任。我们对自身的回应中存在一些自发而非强迫的东西,为更彻底地生活提供了最深层的潜力。大卫·布朗伯格(David Bromberg)说道:"如果想咏唱蓝调,就不得不承受痛苦。"

6

浪漫爱情中的控制和承诺

> 但是它必然会出现，不受意志所控制。你似乎总是认为自己可以强迫花朵开放，认为人们必然会爱你——你无法强迫这些发生。
>
> ——D. H. 劳伦斯（D. H. Lawrence）

> 自由的另一个名字是"无所可失"。
>
> ——克里斯·克里斯多弗森（Kris Kristofferson）

"无意识心理过程"是一个有点令人震惊的概念，但弗洛伊德在这点上的观点无疑是正确的。我们认为，自己的心理过程是透明的，随时都能知道自己心里在想什么；认为自己是在持续监控心理过程的状况下选择要做什么、说什么、想什么。但事实证明这是错误的，或者更加确切地说，这近似于正确，但都局限在一个非常狭窄的视角内。随着观察事物（自我）时所处位置的扩展，我们开始欣赏不同背景下的自己。

当考虑到大脑的复杂程度，心理的复杂程度也许就不那么令人吃惊了。大脑由1000亿个神经元或神经细胞组成,这些神经细胞又通过100万亿个突触或脑细胞桥彼此连接。计算机科学领域（或者人工智能）的研究人员在设计用计算机执行一些大脑能够执行的简单任务,比如视觉识别。在真正进行这些研究时,我们才开始认识到大脑内部的神经结构是多么复杂。然而,心理表面上看起来很简单很透明,这并不是偶然,也不是推理错误,而是物种适应的必然,使我们能够带着连续感和主观能动性在自己的世界中遨游。

假设有这样一个社交情境：你和一个很了解你的老朋友参加了一场热闹的聚会,在场的既有熟人也有陌生人。你们很快就融入了聚会,和各式各样的人热情交流。大家来来去去,相互寒暄,就像弹珠游戏里的弹珠一样弹来弹去。直至一个多小时后,你们离开了聚会。你发现自己来时的心境快乐而舒适,去时却很不一样,有些轻微的躁动,也有点忧郁。

你不太清楚这个过程中发生了些什么,所以和朋友探讨了那一系列邂逅中的细节：我和寒暄过的人有多种关系,和那些没有说过话的人也是如此。我出于不同原因主动寻找并联系其中一些人,也没兴趣和另一些人说话；我和其中一些人有眼神交流,而回避了另外一些人。我觉察到房间里有许多人,其中一些人似乎在不同程度上"寻找"我,而另一些人在不同程度上回避我。我非常迅速地监控和处理着各种信息,既有和熟人有关的信息,也有和陌生人有关的信息——这些人是谁,和我有什么关系,现在正如何呈现他们自己,我想和他们做些什么,我和他们交谈时的体验如何,他们在如何回应我……在这一个多小时的历程中,我做了很多很多选择,但这一切过得如此之快,以至于我完全没有时间斟酌自己当时正在做些什么。

当回顾这些互动细节时,我才开始意识到聚会时有多少事情正在发生。有人是我很高兴见到的,很渴望和对方聊天,也有人不知怎么激怒了我。不同人身上的什么特质或举动导致了我的反应?是他们说了什么或做了什么吗?是因为我曾经听到过什么有关他们的事情吗?是因为他们让我想起了自己认识的某些人吗?当开始解析自己对他们复杂的想法与感受时,我逐渐意识到自己有那么多不同的意图、禁忌、希望和焦虑,这些内容与我无数无法言说的记忆、猜测和预期交织在一起。

从朋友那里得到的信息变得十分重要,她对我的这些邂逅都有自己的观察。我有时似乎一直在回应她注意到的一些事情,而自己却没有意识到。她指出了我的一些细微表情,而我已经忘记自己曾经做过这些表情了。她以前听过我在其他聚会上讲的故事,但是今晚我用了不同方式来讲述。这些不同的方式表明我和某些人在一起时会更轻松吗?表明我想给别人留下深刻印象的欲望吗?在某些时候我说了一些事情,或者我沉默了,这都让她有点惊讶,因为它们揭示出她从未见过的我的另一面。

我开始追踪自己变化的情绪,认识到在某次互动中用了一种自己也觉得并不互惠的方式去冒险发言;在另一次互动中又感到被某个人用过度的友好"塞满"了。在某个时候,我因一种联结感而喜悦;在另一个时候,我出乎预料地觉得被激发了兴趣,想要知道更多信息。我慢慢开始把自己心境中的转变与这些互动的过程对应上，有些联系看起来非常有说服力，但是也有许多无法解释的细微之处。我还发现，其中有更多的东西超出了自身的理解。

或许，对这场短暂聚会期间所发生事情的假设性探索可以持续很久很久。

事实上，对这件事的探索具有潜在的、无穷无尽的可能性。迄今为止，我只关注了自己在聚会上的表现以及朋友对此的看法，还需要探索她的看法与我的看法间的差异。她的这些认知产生自她与所有这些人及与我的复杂关系，因而我们还需要探索产生这些认知的过程。我们将开始怀疑，"认为正在发生的事情"中有多少是真正在发生的。是否因为这些细微差别和解释令人愉悦，所以我们"发明"了它们。我们也将不得不考虑关系的复杂性，以及这些复杂性会如何影响自己在聚会上的行为和体验，如何影响现在对聚会的反思。我们在任意时候的理解也都会受到此时此刻彼此间正在发生的事情影响，并在之后开始解析这种影响。但是，这种尝试解析谜团的互动过程必然有着复杂的内涵，因而也将会反过来要求更多的解析。

我的心理远远不是透明的，因为我所处的背景必然在不同程度上是不透明的、被隐藏的，需要在这样的背景中理解自己——试图彻底地审视和把握自己就像试图通过快速奔跑来摆脱自己的影子！

我们在永不间断地做选择，但它们真的是选择吗？当在聚会上做一些事情时，我有一种对"自己正在做什么"的觉察；但做另外一些事情时，主观能动性模糊且无法言说。我还做了一些完全没有意识到的动作，直到被朋友指出时才有所觉察。所有这些都是选择吗？似乎是。但是它们是我的选择吗（不是的话还能是谁的选择呢）？对于某些事，即使当时没有觉察到自己在做什么，但之后我能够精确地说出做了什么、为什么做以及怎么做的，这让我觉得很完美。弗洛伊德称这类选择为"前意识"选择——它们原本不在我的觉察之中，但是一旦我注意到它们或由别人指出来，它们就能够进入我的意识。

前意识与视觉感知有着非常相似的运行方式。我们倾向于假定自己能非常清晰地看到视觉世界中一段区域，大约为视线前方150°的范围。但是仔细看看前方，你就会注意到真正能够清晰看见的视野范围有多么小——也许只有几度，剩余区域实际上是相当模糊的。我们认为自己能清晰地看事物，并周期性地移动视线来追踪它们，让自己确信它们事实上看起来就像假定中它们会是的样子。通过集中注意力，我们能够看见视野中剩余的部分，但并不是以连续的方式看见的。前意识的意义和选择以类似的方式运行，我们在这个世界上所从事的许多活动都是基于前意识的、模糊的、朦胧的选择。我们常常在没有准确表述和清晰洞察的情况下做出选择，但如果尝试去深思熟虑，我们也可以做出更清楚的选择。

还有另一种可能性。比如有一个我并不认识的人参加了聚会，她看起来长得非常像我表姐，我曾经讨厌过这位表姐，或者爱过她，或者爱恨交织。

许多年前，表姐曾经轻蔑地拒绝过我对她的示好，于是我断定自己一直很讨厌她，用这种方式来应对我受伤的感受。回忆起她会激起我的憎恨感、没有被应答的渴望感和被拒绝感，这些感受很尖锐，让我很不舒服，所以我也很擅长把她忘记——事实上，我几乎从来没有想起过她。一提到她，我就会告诉自己我是多么鄙视她，我失去了曾经喜欢她的所有记忆。但是在这次聚会上，这位女性和我表姐长得简直一模一样。我从远处瞥了她一眼，心里像是有某个东西在搅动，但是我忙于其他事情没有注意到这点。我在人群中游荡，并且做出了能够使自己回避她的决策——毕竟她就像是来自过去的一个"幽灵"。我没有意识到自己正在这么做，如果有人问起，我也会否认对她的回避。表姐可能仍然对我非常重要，以至于和她有关的记忆会影响我当下的社交行为。但是我不喜欢这样的想法，也无法想象自己仍然喜爱表姐。这些情感对我来说足够危险，以至于会在心里做出这些选择（尽管不是可以直接意识到的那部分心理）。弗洛伊德称之为"无意识"的心理过程和选择不仅不在我的觉察中，也不受欢迎。我（再次没有意识到下面的心理过程）主动地把它们阻拦在觉察外，即使呈现面前我也不会承认它们是我的想法。

我们一直在自我意识中进行着一项假设性实验，设想会需要自我探索以追踪与他人交流过程中所采取的方式，这些自我探索有着复杂的、多面向的意图，可以分为三类：有些意图伴随着深思熟虑式的自我觉察；有些意图没有注意焦点，但是当被意识层面的主观能动性识别时是和意识层面的内容协调一致的；还有些意图不能被意识层面的主观能动性所识别，并因而被否认。

若使用心理的过程能够不需要注意焦点，自我意识也不需要付出辛勤的努力，这是很幸运的，不然人会感到非常耗竭。我们在主观上会觉得自己的意图和行为的意义都是透明的，但这种主观感受是一种幻象。也正因为有这种主观感受，我们才会觉得自己的体验或多或少是无缝衔接的，而且效果显著。若突然意识到自己意图的复杂性和多重性，我们会陷入"蜈蚣困境"——问蜈蚣如何协调一百条腿走路，它怕是会立刻陷入困惑，无法行动。前意识和无意识的心理过程乍看起来难以置信、神秘难懂，但如果想拥有一种丰富多样的生活，那么这些心理过程就是自然又无法避免的。

驱动者或是被驱动者？

谈论无意识意图或无意识意愿会有点古怪，它们是一种矛盾修辞法（oxymoronic），是相互矛盾术语的一个组合。"意图（intention）"和"意愿（will）"这两个术语的日常用法就暗示着它们是有意识的、深思熟虑的、有自我反省的选择。然而，心理治疗师经常处理"选择"这一议题，这些选择就像前文我在聚会上所做出的选择一样，是在只有很少或甚至完全没有有意识选择感的情况下做出的。谁是我们做选择的内在主观能动者？是我的一部分吗？尽管心理工作者一直都在探索这些心理过程，但还没有人发展出一种清晰且适宜的方式来理解和谈论无意识意图。对我们所有人来说，这依然是个问题。

弗洛伊德对个体进行了去中心化的理解，对我们来说，人类能动性的本质之所以得到关注在很大程度上归功于他的这一贡献。当然，在弗洛伊德之前，诗人（如莎士比亚、歌德、陀思妥耶夫斯基和托尔斯泰）和哲学家（如叔本华和尼采）均已指出，个体作为主观能动者，没有觉察到内在体验中动机的作用。但是弗洛伊德扩展了这些洞见并且发展出了自由联想这一方法，用来系统地探索无意识体验。最重要的是，弗洛伊德用了一种极其不同于我们习惯的自我评价的方式来描述自己。弗洛伊德不再把无意识动机看作一种病理性的失常，而是把它理解为一种规则。弗洛伊德想向我们展示，我们是被自己所不知晓的"黑暗"力量驱动的。我们不仅没有对自己有完全的掌控，往往还对真正正在发生的事毫无头绪。随着无意识动机的发现，弗洛伊德揭示出"人类宣称自己是自己的主人，掌控着自己的心理"在本质上是虚幻的。

对许多人来说，无意识动机这个概念令他们震惊和陌生。但弗洛伊德的观点已经以各种方式渗透进人们现今对自己的体验中了——我们经常怀疑对自我的控制能力。弗洛伊德同时代人对自我管理能力自信满满，在今天看来这多么奇特古怪、过度乐观。诗人威廉·欧内斯特·亨利（William Ernest Henley）因病致残，但依旧勇敢无畏，他曾经吟诵道："我是自己命运的主人，是自己灵魂的船长。"亨利一直认为，只有弱者才会失去对自己体验的控制。这种维多利亚时代具有启蒙主义色彩的理想典范，认同一种全能而自主的意志力量，认同一种自己对自己心理透彻的俯瞰和掌控。现在人们对此的信念大致都消退了，虽然时而仍有一些残余出现在商业标语中，比如某个运动品牌的"想做就做！（Just do it!）"。这些标语是一种期盼奇迹式的否认——物质成瘾、体质羸弱和缺乏锻炼的状况在生理和心理上都强有力地控制着个体，但人们期望单单用意志力就神奇地克服它们。

连续谱的另外一端则和这种"意志是万能的"宣扬完全相反，是一种被动受伤害的信念。我们可以在电视节目中看见这一信念的迹象，即犯下极其恶劣罪行的犯人通过申诉自己过往受伤害的经历来申请减免罪责。他们似乎在说，我不仅设法控制自己，还是个人过往经历的受害者。心理治疗经常被这类寻求减免自我罪责的行为误用。

大多数人都在"夸大又全能的自我宣称"和"施害者对自身无助的申辩"间徘徊，努力地理解自己。就像我努力去理解自己在聚会中的行为和体验那样：有些事情我很清楚，有些事情我只是模模糊糊地知道，还有些事情我似乎完全无知。所以无论是否能用语言清楚表达，我们都在努力理解自己的潜意识意图。弗洛伊德为我们提供了一些线索。

如果个体不能像司机控制汽车那样来控制自己的心理，那么谁又可以呢？弗洛伊德推翻了对全能意志的天真信念，但也留下了一个此后精神分析界一直在努力解决的难题。心理真的像失控的车辆一样处于控制之外吗？还是说有一个远程控制仪，一个隐藏在心智中的控制器，只是名义上拥有它的主人并不知晓？

为了思考心理，弗洛伊德制造了许多概念和隐喻。弗洛伊德在非常早期的一些案例中把违抗意志的"反意志"想象成一个密谋破坏者，会让人产生无意识冲突和令人烦恼的症状。但在后来正式的"元心理学"理论化过程中，弗洛伊德拒绝"潜意识"这个术语（尽管这个术语仍然在流行心理学作品中被使用），因为他觉得"潜意识"暗示在心理的隐蔽之处存在一种替代性的意识。弗洛伊德认为，无意识想法并没有被整合成一个单一主体或视角，它是零碎的、分散的。

但是，在弗洛伊德努力去视觉化的这个心理模型中，张力依然存在。他在1923年引进了"本我（id）"这个概念，并把本我看作本能驱力的储存库和潜意识的核心。有时本我具有"它"（"本我"的直译）的特征，"它"是一种隐藏在心理中的任性的"小恶魔"，它驱动心理按照自己的秘密章程行事〔弗洛伊德从格奥尔格·格罗德克（Georg Groddeck）的著作中借用了本我这个术语，而这是格奥尔格所想表达的原意〕。弗洛伊德有时会把自我（ego）和本我之间的关系描绘成骑手和马之间的关系。任何骑过马的人都清楚，马动起来就像是一种强大的"反意志"。但是在另外一些时候，弗洛伊德把本我描绘成弥散的、零碎的，描绘成一个"沸腾不止的大锅"，或者描绘成大海本身。本我就像须得海（the Zider Zee）*，被文明缓慢地暴露、规划以及施加控制。

---

* 须得海位于荷兰，居住在该地区的人们通过筑造堤坝阻拦海水，不断改造这一区域，并且在堤坝内开垦圩田。——译者注

因此，在推翻关于自主、全能意志力这一理想典范的过程中，弗洛伊德创造了一个概念真空，而他随后关于"无意识"的那些意象和隐喻从未非常成功地填补这个真空，他的后继者们也还没有成功。心理是由一个隐藏的控制器所控制的吗？或者我们对自己的感受、觉得自己或者"自我"有着根基于个人独特性的多样性，这些感觉都是虚幻的吗？许多弗洛伊德学派理论家们一直被这些观点吸引，但不同取向已经开始定义当代思想中的某些基本分歧，这既发生在精神分析内部，也发生在精神分析以外的领域。

一方面，美国精神分析内部的某些潮流中已经出现了对"心理中心"这一概念的回归。20世纪40年代到70年代，占据美国精神分析意识形态统治地位的是弗洛伊德学派的自我心理学。在这种取向中，"自我"被赋予的力量和资源比弗洛伊德曾经赋予的要更多。弗洛伊德所认为的自我在本质上是一个中介调停者，它试图协调本我和外部现实间非常不同的目标。但弗洛伊德学派自我心理学的"自我"有自身强有力的主张，它整合、适应和创造着埃里克·埃里克森所说的"身份认同"。

另一方面，法国后结构主义、米歇尔·福柯（Michel Foucault）的哲学思考以及法国著名精神分析师雅克·拉康（Jacques Lacan）的理论思考影响了许多后现代思想流派。一直以来，这些思想流派中所有有意义的主观能动感、心理中心感或者自我感都被抹除了。在这种影响下，人们认为自己所思所想所为的不过是"推论下的"立场，是语言和文化意象的造物。

这场争论对于所有试图理解浪漫激情本质的努力都有重大意义。浪漫爱情是某种我们能够凭借意志发展、维持的东西吗？当厌倦了它或者为它痛苦时，我们能够凭借意志或者意图来减少或者彻底停止它吗？或者，如果浪漫爱情处于意识、意志的控制外，那么它是由我们内在某种隐藏的主观能动者启动、控制和终止的吗？这种主观能动者是处于自我觉察之下 * 的吗？

多重的意图和分散的动机聚合在一起，决定了我们的浪漫感受，但这些意图或动机真的存在吗？抑或浪漫爱情这样强有力的情感体验产生于意识层面主观能动性和无意识动机的某种组合？如果"我"把爱给你，我到底给出的是什么？这个正在给予的"我"又是谁？顺便，你又是谁？

意志

在社会学领域和心理学领域，关于人类体验所有主流的解释性理论都涉及哲学家所说的"宏大叙事"。它们告诉我们生命究竟是什么，真正驱动了我们体验的又是什么。因此，它们必然是还原论的和决定论的，每个理论都在努力揭示人类体验表面细节之下潜在的原因。因此，马克思试图证明经济和社会阶级利益对价值观、世界观以及个人生活所有特征的影响。弗洛伊德试

---

* 原文为"subconsiousness"，中文常翻译为"潜意识"，意思是"处于自我觉察下"的意识活动。由于这是本书中唯一一次提到subconsiousness的概念，因而这里意译为"处于觉察之下"。——译者注

图追溯成人情感生活中那些婴儿期性愿望和攻击愿望的主导力量。行为主义心理学是另外一种非常不同的心理学，在斯金纳的倡导下成型，它将当下的选择追溯到主体过往的强化物。几乎所有的社会学和心理学都是决定论的，因为它们认为人类的体验和行为是某些力量（或动机）作用下的产物；特定理论的内容提供了特定动机的内容。人们倾向于认为选择或意志是虚幻的，认为自己能决定自己要做什么。但是如果根据某个特定理论的具体信念行事，那么我们的选择已经被特定理论认定的原因决定了。因为不管这些原因（经济利益、婴儿期的愿望、过往的强化物）是什么，它们都被看作决定性因素。

是什么决定了我在聚会上的行为？一位马克思主义者会假定，我那些尚不明确的选择是在表达和捍卫某一阶级的意识形态和利益；一位弗洛伊德主义者会忙着探查我一连串的社会关系，它代表了儿童时期我所经历的情结和所幻想的剧本，而我对社会关系的反应表达出了我的婴儿期性愿望和攻击愿望以及对它们的防御；一位行为主义者会根据我反复出现的行为模式来分析我的动作，这些动作揭示了我曾经习得的反应和过往的强化物历史。他们全部都会同意无论我认为自己在忙什么，都不过是一个愚昧的故事，遮蔽了真正的动机和原因。

这些理论都包含了对一个人作为自己体验主观能动者的抹杀。存在主义哲学和心理学是例外，比如海德格尔和萨特。存在主义非常强调选择，强调个人对自我的真实性、对自己命运的决心，以及因之而起的愧疚和忧虑。问题在于，我们认为自己具有如此强大的自我决定能力，几乎是全知全能的，所以我们的历史、童年、前意识与无意识动机所带来的影响是有限的。事实上，萨特充满激情地争辩道："无意识这个概念是没有逻辑的，是一种自欺欺人式的糟糕信念。"从这种观点来看，如果我承受得住完全诚实地面对自己，就能看清聚会上的我：一位灵巧的社交达人，用老练的方式完成同时发生的多项任务——包括假装没有注意到那个像我表姐的女性。

心理治疗师或精神分析师每天都在努力处理这两种视角的协调难题：一种观点启发了意识觉察之外的动机，另外一种观点提醒我们是自身体验最终的主观能动者，而不是受某些黑暗的、非个人的力量控制。没有理论家能够系统而详细地阐述它们汇合起来会发挥何种作用，但是咨询师能用一种粗糙但有效的方式来处理这个问题。萨特认为，我们对自己是完全透明的，因此应该坚持这样的信念，即我们所认为自己正在做的事与实际做的事息息相关。

让我们回到聚会的例子来理解这个观点。如前所述，我在聚会上做出过许多不同的"选择"，根据我在多大程度上体验到自己是自我意识的主观能动者，这些选择可以分为不同类别。在似乎知道自己正在做什么的时刻，我的意志可以说处于体验的前景。在其他一些时刻，我体验到自己被无形的湍流席卷着前进，会不假思索地做出一些特定的举动。在随后反思这些举动时，我能够找出许多理由——虽然没有仔细思考，但对自己在做的事有些模糊的概念。在这些时刻，我的意志可以说处于体验的背景。

而且有一些时刻，我的行事显然和遗忘了的童年冲突有关，在朋友的帮助下重新建构这些时刻时我以为我知道自己在做什么，但从某种意义上来说我的行事方式与自己的理解是相互矛盾的。在这些时刻，我的意识意志可以说处于体验的前景，但无意识意志处于场景之外（相对于前景和背景）*。如果用这种方式来处理，所有活动和选择都必然反映动机（或理由）和意志，这些动机和意志要么处于前景中（意识层面中），要么处于背景中（前意识层面），要么处于场景之外（无意识层面）。

对于意志来说，这三者哪一个最好？这要视情况而定。许多年前我曾经教过别人打网球，如果没有经历自觉的意志训练，一个人是不可能精通网球的。给世界上最优秀的运动员一把网球拍，然后让他临场发挥，他也就只能做到一定程度。接受指导是必要的：正手击球和反手击球时的握拍，与球网垂直站立的方式，等等。当学习打网球时，你必然要在前景中进行大量意志指导下的训练。

一旦精通了网球打法，击球方式形成模式变得流畅起来，意志就会退居到背景中。这时自我意识反而会成为阻碍，那些浑然天成的表现现在有个时髦的称呼——网球中的"禅"。几十年来，网球运动员一直在谈论"在最佳状态（in the groove）"击球，

---

*作者在这里使用了摄影过程中的术语来形象地说明意识、前意识和无意识这些概念。意识类似于摄像机所聚焦的前景区域（foreground），前意识类似于出现在摄像机镜头中，但因没有聚焦而显得模糊的背景区域（background），而无意识类似于完全没有出现在摄像机镜头中的场景之外的区域（behind the scenes）。——译者注

似乎球拍会沿着一条没有刻意设计和准备就已经铺设好的轨道运动。许多运动员都表示，当他们表现得极其出色时，会处于一种"丧失"主观能动性的感受中，他们会用"全神贯注（in the zone）""浑然忘我（out of one's mind）"这类的词语来形容。当然，如果连续出错，那就需要召唤自我意志，让它再次出现在前景中：检查握拍姿势、步法、接球动作、冲量，等等。

因此，对于某些活动来说，比如打网球（熟练者）或分享亲密的情感，意志通常会盘旋在背景中。对于其他活动来说，比如新手学习打网球、纠正连续失误的击球，以及彼此了解尝试建立亲密关系，意图和注意聚焦就变得至关重要，意志也在前景中扮演着必不可少的角色。生活中的许多困难都源自意志的错误运用，有些体验只有在意志退后到背景中时才有可能出现，比如亲密、欢乐或愉悦；当我们自大地试图有意识地强迫自己进入这些体验时，就必然会陷入麻烦；有些体验则需要一个处于前景中的意志和许多处于焦点下的意图，比如真正去认识另一个人或真正去解决人际冲突。若天真地单单跟随自己的意识流，还希望有最好的结果，那必然会遇到问题。大多数心理治疗师在开始执业后很快会发现，如果不想让治疗降级成一项马后炮式的解释，就必须在传统精神分析对动机解释的基础上补充对意志的欣赏。一种做法是解释动机但又不承认意志对现状共谋式的参与——既不承认意志的主动参与，也不承认意志的被动参与，它将人排除在解释之外，并因而鼓励了自利偏差，模糊了恶意；另一种做法聚焦于意志却又不把意志放置在动机和环境的背景中来认识，它把人看作一个对自己心理全然洞悉且无所不能的操控者，但是我们难以相信存在这样的操控者。

选择和情欲

流行文化告诉我们，"来电的感觉"在爱情中至关重要，没有什么比它更能调动人的主观能动性了。我们被告知，要么有兴奋感要么没有。"来电的感觉"是一种阐释爱情何以产生的原则，它的根本目的是为了强调"刻意意图"是徒劳的，以及强调爱情这件事和意志无关。然而，如果更细致地观察"来电的感觉"，往往会发现大背景下盘旋着一种令人赞赏的意志，场景之外存在着无意识意愿的作用。

弗雷德（Fred）在某节咨询开始时表达了对自己行为的困惑。他于一年多前开始接受精神分析治疗，就诊原因之一是他和妻子几乎完全没有性接触。他认为这主要是由妻子对性的恐惧造成的。

妻子在十几岁时曾被强奸，所以很长一段时间对性都没什么兴趣，总是被动地等待弗雷德发起性活动。弗雷德觉得她的反应不太热烈，只是一味顺从，于是也丧失了兴趣。"来电的感觉"消失了，这是她的错。然而，弗雷德觉察到自己的情感生活也存在一些限制，觉得自己可能也负有一些责任。在这一整年的咨询过程中，我们已经探索了一些重要的议题，弗雷德和妻子间的亲密感在一些主要方面也更加深厚。然而，性几乎仍然是不存在于他们之间的。在这节咨询前的晚上，弗雷德的妻子犹豫着发出邀请，但是被弗雷德拒绝了。他把她的犹豫体验为反情欲的，觉得很令人厌烦，这也扑灭了他的欲望之火。然而，当事后思考这件事时，他意识到对妻子来说发出提议很可能已经是非常不容易的事了，这也许是妻子朝着他所渴望的亲密关系方向的前进，可是他拒绝了。

弗雷德感到困惑，他觉得自己说的和做的是相悖的。对我来说，他的困惑则标示着一次珍贵的进展，是这一年咨询工作非常令人满意的结果。他开始觉察到自己偏离了自我中心，觉察到他并不仅仅是自己体验到的那个理性且有掌控力的主观能动者——还有更多理性和控制之外的事情正在发生。在接下来几个月的咨询中，我们探索了他体验的一些特点，这些特点影响了他在那个晚上的选择。

弗雷德拒绝了妻子的提议，因为他在等待其他事情的发生——他期待她的性展示是戏剧性的、有表现力的、明确无误的，也是大胆的。犹豫暴露了妻子内心的冲突，也表明她的性展示是可能会消失的，而他害怕去回应那些也许很快就会消失的东西。在恋爱关系的初期，他曾经对她有强烈的渴望，如果他重新联结上了这些渴望，事情会怎么样呢？如果妻子再一次退缩，他能承受失去彼此间亲密感的痛苦吗？妻子可能的退缩也许会唤起他心中的愤怒，而他又能控制这些愤怒吗？她的犹豫是一种缺乏安全的信号，他感受到了自己的欲望和可能的失望所带来的风险和危害。

在另外一条叙事脉络中，妻子的犹豫与弗雷德对母亲的体验产生了共鸣。在他童年时，母亲时而活力饱满、快乐洋溢，时而郁郁寡欢、退缩孤僻。他在那时就已经谨慎地和母亲保持着情感距离，以适应和习惯母亲的状态。他放弃了愉悦的亲子时光，保护自己免于感受母亲退缩时自己那灼烧般的孤独感。同样，弗雷德也让自己习惯于放弃与妻子的性关系，而且他已经变得对此既熟悉又舒适了。他开始认识到，尽管自己还有渴望，但更害怕打破这种"放弃带来的平静"。

如果妻子真的做到了他渴望的那种亲近方式，事情会有什么变化？我们沿着这条线探索，发现弗雷德的性体验是复杂而冲突的。他最激情状态下的性爱会让人觉得他"把他人当动物一样"，还有一点像个虐待狂。最令他感到兴奋的是那些他一点都不尊重和关心的女性；而对于那些他非常关心的女性，他倾向于变得充满了奉献精神。他把爱意体验为一种敬拜神灵式的责任，把激情体验为一种鲁莽的剥削。弗雷德开始理解到，尽管他渴望和妻子有充分表达、无拘无束的亲密行为，但是他自己的爱意与攻击有着尚未解决的紧张关系，且会在欲望过程中交汇，这使他难以想象与妻子能有充满激情的亲密感且同时不失去她。

在弗雷德拒绝妻子提议的几个月后，另外一个对他来说有些危险的因素变得清楚起来。弗雷德的父亲在十几岁时成了孤儿，有着很滑稽的大男子主义思维，思想刻板僵化，为人孤僻。通常只有在大家族聚会这样的场合，父亲那疏远的"面具"才会罕见地在醉酒后暂时放下。他会泪流满面地讲述自己不可能实现的幻想——和父母再次团聚，这时弗雷德会觉得和父亲之间有一种强烈的联结感，觉得彼此共享着孤独和渴望。弗雷德与他人关系中的关键特征也开始在和我的关系中显现出来，当在咨询中处理各种与信任和焦虑相关的议题时，我体验到彼此间的关系存在着一种温暖的特征，而且随着时间推移，这种温暖在加深。然而，弗雷德发现我对待工作的方式很专业，这既让他欣赏，也令他感到厌烦。他觉得我就像他的父亲一样，远离他，躲避他，不让他知道我真正的情感世界。于是，弗雷德开始搜寻一些零碎的信息，他认为这些信息也许和我生活中的痛苦有关，和我必须对他以及其他所有来访者隐瞒的渴望有关。

他的这些想象在持续两年多的精神分析治疗中逐渐浮出表面，其中有一些想象更为清晰，我也开始注意到自己对这些想象的感受发生了变化。更早时，我们探索了他对我隐藏的"情感深渊"的幻想和认知，这些探索让我感到我们的关系充满活力，十分重要。然而，随着我对弗雷德的喜爱与日俱增，我开始发现他的某些信念让我很是恼怒。他坚定地相信，与我们之间真实发生的事情相比，他想象出的那种"他与我的痛苦间的联结"会更加真实。因此，我指出他通过想象我私下的痛苦来建构的亲密感，这破坏了我们可能发展出的真正的亲密感——这种寻求亲密感的方式导致了距离感。事实证明这些探索非常有用，它的作用也很快得以显现，可以类比弗雷德对自己和妻子关系的定位。他爱着妻子，渴望与她在性和其他方面有着更开放深入的亲密感。他确信妻子也深深地爱着他，并且体验到一种饱含辛酸的渴望感。

这种渴望是他所能想象到的、最强烈的感受，就像在家庭聚会时他在父亲身上瞥见的渴望一样。我们逐渐理解，弗雷德体验到自己和妻子永远处在挫败的状态，却又彼此渴望，这是他观念中认为可能存在的最亲密关系的理想形象。他们间微妙而互补的渴望像枷锁一样，把彼此锁在了一起，而真正的性爱只会减少这种渴望。因此，如果回应了妻子的性提议，他会觉得自己失去的比得到的多。

任何富有成效的分析都会带来无穷无尽的动机和意义。心理动力学的阐释是无限的，问题在于它们将如何影响弗雷德去追求自我理解，为更加令自己满意的生活而努力。在整个过程间，弗雷德又会处于什么位置？

弗雷德肯定不是维多利亚时代的前弗洛伊德式主观能动者，即对一个透明的自我没有完全的指挥权。然而，弗雷德显然在按照自己的方式行事，或者更确切地说，他有几种不同的方式，也有着不同程度的自我意识。实际上，弗雷德在自己体验中同时处于几个不同且冲突的位置。弗雷德是一个内心充满了恐惧，相信人皆有恶意，但又有自我调节能力的主观能动者。他认为自己有着贪婪的欲望和致命的破坏性，并因而压制着这些欲望和破坏性；他也是一位具有奉献精神，充满爱心的主观能动者，他在母亲处于抑郁状态时保持着和她的联结，在父亲处于令人窒息的渴望状态时也保持着和他的联结；他还是一位自我保护式的主观能动者，他把自己强烈的渴望当作最深沉、最珍贵的东西来保护。

弗雷德就像我们中的大多数人一样，热切地渴望一种没有任何风险却又敏感理想的性存在。但从性存在的本质来说，它充满了不确定性、复杂性和脆弱性。性激情不可避免地伴随着对自己的发现——自己的依赖、失望和攻击；性激情不可避免地伴随着对他人的发现——自己赋予了他人唤起自己、满足自己以及令自己失望的力量，而这必然会给自己带来影响。对很多夫妻来说，这也是为什么性会随着时间推移而变成一种"例行公事"。所以并不是熟悉导致兴致泛泛，而是随着相互依赖的加深，随着共享生活更加复杂地交织，性激情也变得越来越危险。

因此，我们持续不断地试图把自己的意志"扩展"成一种完全的控制，幻想出"全能触手"缠绕在一切让我们觉得脆弱和风险的体验领域：性兴奋、迷恋的狂喜、依赖、愤怒、悲悯和愧疚。弗雷德学习到，那天晚上他做出的选择似乎与自己的想法相互矛盾，但是他之所以做出这样的选择其实有很多原因。这个选择是基于他真实领悟到的信念，基于他在痛苦的体验里学习到的恐惧感。事实上，他把自己体验为始终没有达到完全觉察状态的自我世界的建构者，他的这种能力不断增长，并且是他最终具备做出其他选择的能力的重要基础。"来电的感觉"到底是怎么样的？浪漫的兴奋和性兴奋能完全出于自我的意志吗？答案是，我们不能按照自己的意志来制造感受。爱与恨都有微妙而复杂的偶然性，我们不能人为地使它们发生，而且它们一旦消逝，也不能凭借意志使其重生。然而，除非我们想要保持爱与恨，否则它们是不能维持的，这和稍纵即逝的吸引与厌恶截然不同。我这里所说的意愿并不仅是简单的意识层面的意愿,还有通常处在背景(前意识层面)或场景之外(无意识层面)的意愿。我们必须要有一个承诺,才能维持"爱人是值得奉献"的感受,才能维持"敌人值得怨恨"的感受。那些痛苦地宣称不再愿意去爱或恨自己的人只能觉察到意识层面的自己,但是爱或恨代表了在场景之外运作的另一层自己。

你在恋爱吗?

查尔斯(Charles)接受了多年的精神分析。他和众多女性发展了亲密关系,多到令他感到压抑。他发现自己无法忍受单身,并沉迷于追求和"捕获"新的女朋友。他精通于激起女性对他的兴趣,而且很轻易地就能陷入热恋,他常常会迷恋那些难以接近的对象,而当追求的对象对他产生更多兴趣后,他反而会陷入一大堆反刍式思维:这真的是适合自己的正确的对象吗?自己真的对她感到兴奋、真的爱她吗?反刍式的思维越多,他对对方的喜爱就越少,也开始因对方对自己的感情而窒息。在这种关系循环直至快结束时,他渴望着结束带来的解脱——可以再一次自由地追求各种各样的女性。一旦单身,他就又开始取悦别的女性来发展一个新的循环。

经过几年的精神分析,他越来越清楚地认识到这种关系模式是徒劳无益的;在一段时期内,他能够暂时放下自己对某个特定女性的强迫式反刍思维——均和对方是否是足够合适的对象有关——真正地对她产生更加真实的情感。后来，他遇到了莎拉（Sara），和她在一起相处了快一年，共同体验了几段令彼此愉快的亲密接触。莎拉开始想让他正视他们的关系，觉得到了应该告诉彼此"我爱你"的时间节点——她已经说了好几次，但是他似乎都退缩了，这也让莎拉再也缄口不提。我觉得莎拉是一位情感上相当成熟的女性，不会强迫查尔斯表白爱意。但是她也觉得缺乏爱意表达是很重要的，可能表明他们的关系触到了天花板。

莎拉让查尔斯正视他们的关系，这给他创造了一种危机感，他花了许多时间和我一起尝试理清自己在不同情况下对莎拉到底有什么感受。他注意到，有一些时刻他会感到"空气中充满着爱意（love is in the air）"。我很好奇这句话意味着什么，这些时刻通常紧随着强烈的共享体验，比如引人入胜的对话或者令人兴奋的性爱。显然易见，这种感受是他们之间关系的产物。但是，是谁在感受，到底又感受到了什么？

对查尔斯来说，解决这个问题最简单的方法就是假定是莎拉感受到了爱，而不是自己。他只感受到了她对自己的爱，因此也感受到了压力，觉得要被迫表达一份自己并没有真正感受到的爱。但是，我们逐渐理解到这种描述并不能公正地反映实际情况。对他来说，觉察自己的感受并不容易，因为他觉得自己有义务去满足和控制（他所想象的）莎拉对他的需要（他甚至幻想着接受测谎仪测试来辨别自己真实感受）。当他把自己从自我施加的巨大压力中释放出来，说出自己没有感受到爱意，他反而开始意识到自己确实感受到了些什么。他感受到了温暖、依赖、感激、安全、愉悦等，但那是爱情吗？爱情会以预先包装好的方式出现，然后等着被正确识别和命名吗？或者是"爱情"这个名字本身使它变成了爱？随着努力理清他的体验，我们逐渐发现在查尔斯对莎拉的感受中显然存在许多我们认为是爱情的成分：亲密感、联结感和深厚的情感。但是，他觉得如果要"坠入爱河"，就要把这些爱的组成部分组合在一起，形成一种他称之为"爱"的承诺。正是意志在这种行动中起到了重要作用，或者促进对爱情的承诺，或者阻碍对爱情的承诺。"来电的感觉"肯定有助于创造爱情的成分，但也存在一种对爱情的承诺，且这种承诺不能被简化为爱情所蕴含的情感成分。正如许多人会做的那样，查尔斯没有接受后者的存在，而是假定只要出现"对的人"，自己就会在未来某一天坠入爱河。

我们可以通过传统精神分析中的"投射"概念来理解这种情况。传统精神分析会解释道，查尔斯当然爱着莎拉，但是他太焦虑了，以至于不能允许自己有爱的感受。于是，他把自己的爱意投射到了她身上，体验到爱是来自她的，并通过疏远她来控制她身上的爱。爱意之所以"充满空气"，正是因为"空气"是查尔斯投射爱的地方。我相信这种构想有一定的价值，但也容易误导人。我开始觉得，查尔斯在莎拉身上感受到的爱并不仅仅是他自己的投射，也不仅仅是他留驻在她身上的情感幻想——她似乎的确在那些时刻感受到了自己对他的爱。我们对这种情况探索得越多，在下面两种观点间做出选择的努力就越没用。一种观点是爱意是莎拉的，但是他恐惧这种爱意；另一种观点是爱意是查尔斯的，但是他把这种爱意放逐到自我体验的边界外。我们似乎一直在谈论这样一种体验：只有他们两人身上同时感受到爱意时，爱情才能够存在；爱意需要彼此共同的参与，才能被点燃并持续燃烧。所以，从某个重要意义来说，他们对彼此拥有情感"充满了空气"。这不仅仅存在于他们中的某个人或两个人身上，还有一种超越个人的特征，跨越了自我与他人、主观能动者与客体间可选择性的渗透边界。

然而，查尔斯和莎拉在加工或组织感受的方式上有一个重要区别。莎拉想说"我爱你"，也希望查尔斯对她说这句话。我和查尔斯对莎拉愿望的内涵思考得越深，就越清楚地认识到说出"我爱你"不仅仅是对预先整合的情感的一次表达，而且是语言学家所说的"述行语*（performative）"。告诉某个人"我爱你"包含了各种各样其他的信息和行动，也在这一过程中构建了各种各样其他的信息和行动。这个过程在表达"我喜欢爱着你""我想爱你""我接受并且欢迎我的爱""我想激发你去表达你对我的感受"。说出"我爱你"必然需要意志，需要查尔斯作为一个不同类型的主观能动者行事，即主动地承诺把莎拉囊括进更加全面发展的人际活动中。这是自我反思后的自我定义，需要对方给出认可的回应。对查尔斯来说，成为这样的主观能动者，需要他放弃那些更加熟悉的自我，放弃当那个相信人皆有恶意、能够控制自我和他人的主观能动者，以及放弃当那个位于更深层次的、

---

* 指言语本身就是一种行动，比如这里的说出"我爱你"，说的过程也就是爱的行动。——译者注

具有奉献精神的主观能动者。这个具有奉献精神的主观能动者使他持续保留着自己与母亲的联结，而他私底下也怀疑过母亲想独占他，把抑郁渴望和他结合在一起。

情感、行为和语言间的关系极其复杂，并且和具体背景相关。表达"我爱你"所带来的传统压力的确会影响关系，使人们觉得关系中存在强制性，觉得丧失活力。对查尔斯来说，关键在于决定自己是否想要增强和莎拉关系的活力，是否想成为那类能够做出决定并承担所有附带风险的主观能动者。如果决定增强这段关系，那么无论是否说出"我爱你"，他都需要找到一种增强这段关系的方式。从这个意义上说，莎拉是对的。当两人对彼此说出"我爱你"（或类似的话），他们不仅仅是在表达曾经发生了什么，还是在努力决定未来能够为自己和彼此成为什么类型的主观能动者，在努力决定他们的关系是否要加深、要如何加深，以及某些发展路径是否要提前关闭。

建构体验和承诺

所有心理模式都建立在隐喻的基础上；如果我们不把心理和其他事物进行比较，就不可能真正将它可视化。弗洛伊德借鉴了他那个时代的物理学和技术，提出了机械式隐喻，即心理是类似于液压力一样的东西，由像机械装置一般的结构传导。我喜欢的心理模式则是将心理过程比拟于诸如房屋建造或雕塑制造等人类活动。对这种建构主义的批评通常集中于认为它没有认识到心理结构的作用和过往经历的力量，颂扬了一种萨特式的自我全能——如果是自己建构了自己的心理，而不是被心理所决定，就意味着我可以把我的心理变成任何想要的事物。如果我们深入建构的隐喻之中，这些批评都可以得到解释。

前文做了很多关于建造沙堡的比喻，但现在我们对建造房屋的比喻更感兴趣。承担建造工程的是"三只小猪股份有限责任公司"。一只小猪用稻草建造了房子，另一只用树枝，还有一只用砖块。三幢房屋都建造好了，所使用的建造材料也给房屋带来了非常不同的特性——同样也带来了特定的限制。

房屋并不由材料决定，但受到建造材料特性的限制。同样，米开朗琪罗（Michelangelo）用大理石来雕刻了作品"大卫"——大理石并不决定雕像的模样，但肯定对雕像的最终形态产生了促进性和限制性的影响。如果这座雕像是用黏土、钢铁或者积木做成的，那么它看起来将会非常不同。房屋和雕像都是被建造出来的，但是建造时所使用的材料限制了其可能性。

同样，人类体验也是被建构的——在意识层面、前意识层面和无意识层面。它由许多体验维度构成：感知、记忆、想象、可获得的文化形象和神话、身体感受等，所有这些都是心理建造过程中使用的材料。体验的每一个维度都对其所能建构的东西的范围施加了限制，但任何一者都不是结果的决定因素。

心理治疗师和来访者努力合作，建构关于来访者体验和他们共同体验的叙事。这些叙事本身就是他们共同合作产生的建构，是关于建构的建构。精神分析式叙事惯于用一种艰辛的方式探索接受分析者做出选择的复杂原因——也就是他们的动机——同时也在意识层面和无意识层面意义的背景中认识来访者做出选择时所处的角色。我们在各种情境中锻炼着意志，但通常只能隐约理解这些情境的部分意义，或者有时甚至会完全忘记这些情境的意义。精神分析师的许多技巧在于和接受分析者合作以发现一种"声音"，借各种各样的主观能动者追踪意志的运作过程，并且努力地在承担责任和回避道德谴责间保持平衡。

所以，弗雷德与查尔斯所面临的挑战也是布雷特、苏珊、哈罗德、乔治、维罗妮卡、凯西、卡尔、杰克、埃德、威尔所面临的挑战，这些挑战不是简单地让他们对自己的动机做出虚幻的最终阐释，而是让他们找到方式来与自我感进行联结，来体验自我，体验到自己是动机的主观能动者，把这些动机化作意志的一部分并决心去实现它们，或者用意志去坚持（然后再放弃）。自我理解的最终产物与其说是一种特定的理解、一种正确的阐释，不如说是一种自我反思形式的体验，这种自我反思形式的体验可以突破重复又令自我挫败的人际关系构成的封闭循环，可以维持主观能动者与无意识动机之间的张力。在这种张力中，意志过程持续不断地把模糊难懂且零碎易破的心理过程塑造成由自己主导的、复杂又令人惊奇的生命。

两个人的沙堡

有些流行杂志会提供许多建议，改善令人疲惫难熬的长期关系，但更好的做法是花些时间反思自己的所作所为。自发的情感并不是用行动发掘的，而是通过克制自己习惯化的举动，然后去觉察到底发生了什么，就像信奉冥想者一遍又一遍地学习一样。欲望和激情不是人为设计的，但会出现在适当的背景中，这意味着我们可以做许多事来构建这样的背景，欲望和激情或多或少会在其中出现。

与辨别我们在自发情感建构背景中承担的角色相比，辨别在承诺的建构背景中承担的角色要更容易。我们倾向于假定能全能地控制自己的承诺，并倾向于浪漫化自发情感中不受控制的现象。我们建造城市，创造环境，这个过程有时候其实十分危险，是从无到有的过程。我们还把自然和荒野浪漫化，似乎能简单地享受它们天然而原始的一面（乘着皮艇，穿着登山靴）。但就爱情而言，只有觉察到变化和转变是处于主观能动者控制之外的，我们才能做出并维持更深厚、更可靠的承诺。爱情中的浪漫承诺必然意味着对某个不确定性过程的忠诚和奉献，而不是对某种静止状态。真正的激情并不分离自对安全和可预测性的渴望，而是带着这些渴望保持一种持续而辩证的关系——与它的降级形式正好相反。如果想让浪漫的恋爱随着时间推移仍保持活力和健康，关键在于承诺不能太严苛以至超过了自发情感，自发情感也不能太僵硬以至阻碍了承诺。

我们不断加深着自我理解的复杂性,这也反映了我们在不断扩大着对外部世界的现实认知。我们想要同时拥有许多不同的东西,也同时需要许多不同的东西:稳定与新异,拥有与渴望,认识与想象。在激情关系中,我们连续不断地感受到许多东西:欲望、脆弱、爱慕、背叛、憎恨、悲悯、愧疚,以及可能的新生。但是,到底是现实、幻象还是妄想决定了渴求的坚固稳定性呢?建造沙堡到底使人远离了生活,还是产生了一个更加有活力、有意义的生活领域?答案并不简单。浪漫中存在着精细复杂的悖论,对永恒和确定的渴望从欲望中浮现,并居于这一悖论的中心。浪漫激情带来了愉悦,愉悦又引发了对连续性和安全感的要求;如果把这些要求看得太重,只会扼杀自由和自发情感,而自由和自发情感又是激情首要的根基。"时间赐予我青春绽放,也让我走向死亡",迪伦·托马斯(Dylan Thomas)在《蕨山》(*Fern Hill*)中写道:"青春绽放也走向死亡,活着也持续改变,成长却又消逝,为流动和暂时的限制所捕捉,却也持续歌唱。"

浪漫是两个人共筑的沙堡,它是激情的前提,但不是永恒的驻留之所。由于浪漫(沙堡)不断变化的本性,也就需要不断地重建。激情亲密关系需要多重的联结,这种多重联结不可能容纳在一种单一而固定的安排中。随着时间推移,持续不断的改变不可避免地发生着——就像尼采所说,即将到来的浪潮冲走了所有沙堡,使永恒的愿望变成了谎言。

毫无疑问,浪漫的降级和浪漫不同面向的割裂都非常常见:

我们所需要的稳定感和可预测感就像坚实的大地，但所建造的沙堡则变换着莫测的样式。大地的坚实和沙堡的变化通常相互分离，正如浪漫的兴奋感被肥皂剧或追星的激情代替、被部分地满足。亲密关系类自助书籍的流行，也表达了人们普遍而深切地渴望着某种有关浪漫关系的指南，渴望有个关系地图来帮助自己区分沙子建造的城堡与大理石建造的城堡，从而解决关系中的紧张状态。

解决关系中的紧张状态、发现秘密、努力地制造新鲜感，都无法"培育"浪漫。它需要两个人都着迷于各自的和共同创造的生活方式，都希望这种生活方式是彼此能够依靠的。它必然意味着容忍那些由现实和幻想共同编制而成的脆弱的希望，也必然意味着需要容忍复杂的生活方式——在这些方式中，现实常常会变成幻想，而幻想常常会变成现实。